Papperlapapa

Papperlapapa

**50 grossartige Texte für Väter, Mütter
und alle, die ihnen in die Quere kommen**

Rinaldo Dieziger

Widmung

Für Nicole, Estella und Olivia. Und für alle Väter und Mütter dieser Welt. Ohne euch wären wir bald alle.

Inhalt

Vorwort

Ratgeber für Schwangere und Mütter gibt es wie Sand am Meer. Mittlerweile auch für Väter. Und Grosseltern. Ich habe sogar mal einen Onkel-Ratgeber geschenkt erhalten.

Dieses Buch ist kein Ratgeber. Und will auch keiner sein. Ich bin weder Kinderarzt noch Kindergärtner. Sondern Werbetexter. Dieses Buch ist eine medizinisch und erziehungspsychologisch absolut irrelevante Sammlung von dafür umso unterhaltsameren Blog-Beiträgen und Kolumnen, die ich zwischen Oktober 2011 und Januar 2014 verfasst habe. Für den Mamablog von Newsnet, das die Newsportale von «Tages-Anzeiger», «Berner Zeitung», «Basler Zeitung» und «Der Bund» umfasst, für das Elternmagazin «Wir Eltern» und für den «Family Blog» der Allianz.

Angefangen hat es 2011 mit mit einem Aufruf der damaligen Mamabloggerin Michèle Binswanger. Sie suchte via Twitter nach schreibenden Vätern. Ich fühlte mich mit unserem sechs Monate alten Baby äusserst kompetent und schickte ihr zwei Texte, die kurz darauf erschienen. Bereits der erste Beitrag (Im Namen des Vaters) generierte mehr als 500 Kommentare. Von da an durfte ich regelmässig ran. Und so schrieb ich die nächsten drei Jahre über einfach alles, was mich als Vater beschäftigte.

Das Resultat halten Sie in Ihren Händen. Es ist ein lustiges Buch geworden. Mit 50 kurzen Texten, die Sie in jeweils fünf Minuten gelesen haben. Geradezu ideal, um zwischen dem Windelnwechseln mal Luft zu holen.

Ein Buch schreiben bevor ich 40 werde, stand schon länger auf meiner Liste. Geschafft! Ich bedanke mich herzlich bei allen, die es möglich gemacht haben. Allen voran meiner wunderbaren Frau, die mich als kritische Erstleserin im Zaum gehalten hat. Ich wünsche Ihnen viel Spass beim Lesen!

1

Im Namen des Vaters

Ich bin ein Junge von 36 Jahren und habe gesündigt. Das letzte Mal in der Kirche war ich Ende August bei der Taufe unserer kleinen Tochter. Und in den letzten 20 Jahren davor bei ein paar Beerdigungen, Hochzeiten und einem Gospel-Konzert. Wobei, das zählt nicht, das war in einer reformierten Kirche. Mein erstes Mal, übrigens. Hat mich irgendwie an einen Zivilschutzbunker erinnert. So ganz ohne Glanz und Gloria.

Zum Thema. Kaum war unsere Tochter geboren, kam die Frage: Lässt ihr sie taufen oder nicht? Heikle Frage. Glaubensfrage. Und, nüchtern betrachtet, auch eine Kostenfrage. Selbst wenn sich die Beatles oder ABBA wiedervereinigen würden, sie könnten niemals einen so hohen Eintritt verlangen, wie ich für die paar Besuche bei Jesus Christ Superstar hingeblättert habe. Ausgetreten bin ich trotzdem nicht. Obwohl ich in einem Klosterinternat zur Schule ging und mit dem Ars Latina unter dem Kopfkissen schlafen musste. Obwohl ich auf Geheiss der Eltern als Ministrant gedient habe (und wusste, dass unser Pfarrer aus dem Kelch gar kein Blut getrunken hat, sondern 2/3 Fechy und 1/3 Wasser statt umgekehrt). Obwohl mir der Dorfcoiffeur Jahr für Jahr einen dicken Schmutzlibart angeleimt hat, der biss wie die Höllensau. Obwohl mir der liebe Gott unseren Hund nicht zurückgebracht hat. Obwohl oder vielleicht gerade deswegen. Weil all das zu meiner Kindheit und damit unauslöschlich zu mir gehört. Und niemand verabschiedet sich gern von seiner Kindheit. Vor allem wir Männer nicht.

Andererseits erleben wir die eigene Kindheit durch unsere Kinder nochmals neu. Warum also das Gleiche nochmals durchmachen? Warum nicht Buddhismus? Mir gefällt Buddha. Der sitzt friedlich da und strahlt goldig – ommmmmmmmm. Nicht wie unser Jesus, der, ans Kreuz genagelt, mit dem Tode ringt. Ein unschönes Bild. Wie das nur auf unsere Kinder wirkt? Die mögen doch Kung Fu

Panda auch lieber als den sterbenden Schwan. Wobei Wiederauferstehung auch ziemlich cool ist. Das hat nicht mal Batman drauf. Halleluja.

Oder einfach nichts machen? Soll das ungetaufte Kind später, wenn es gross ist, selbst entscheiden, ob es Weihnachten oder Chanukka feiert? Ob es sich beschneiden lässt oder eine Burka tragen will? Ob es den Leib Christi oder koscher isst? Ob es nach dem Tod als Eidechse wiedergeboren wird oder in den Himmel kommt? Egal, wie es sich entscheiden wird, religiös wird das Kind schon davor sein. Es wird glauben, woran wir glauben, sich an den Werten unserer Gesellschaft orientieren. Es wird die Religion unserer Gesellschaft annehmen: Es wird schön und intelligent sein wollen. Es wird Geld und Macht besitzen und sich selbst verwirklichen wollen. Und es wird damit vielleicht genauso egoistisch und unglücklich werden wie so viele von uns. Weil es nie in einer Gemeinschaft dabei war, die Halt und Haltung gibt, die liebt und vergibt.

Vielleicht werde ich doch noch Pfarrer. Amen.

2

Nicht mehr ganz hundert

«Skandal!», schrie der Investor an der Generalversammlung, als ihm der Geschäftsführer (ich) unterbreitete, dass er ab sofort jeden Mittwoch keine Aufträge mehr abzuwickeln gedenke, sondern Windeln. Ich zuckte mit den Schultern. Wir bestellten Solomillo mit Pfeffersauce und tranken den 2004er Matarromera Crianza. «Das ist ein Skandal», murmelte er nochmals. Dann war das Thema gegessen.

So einfach geht das. Wenn man ein eigenes Geschäft hat. Bin ich etwa deshalb in meinem Bekanntenkreis der einzige Papa, der nicht 100

Prozent arbeitet? Weil ich im eigenen Unternehmen arbeite? Dabei ist es doch ungleich schwerer, im eigenen Geschäft kürzer zu treten. Es ist das eigene Baby, das man jahrelang aufgebaut und für das man Tag und Nacht gelebt hat. Für das man an jeder Hundsverlochete bis spät Visitenkarten verteilt und billigen Fendant getrunken hat. Es ist das Herzblut, das den Unternehmer an sein Unternehmen kettet. Das können wohl nur wenige Bankangestellte von sich sagen. Was also hält sie in ihrer Bank? Was hält sie davon ab, kürzer zu treten, um zu Hause das eigene Kind aufwachsen zu sehen? Grübel, Grübel.

Der Skandal ist perfekt. Seit der Geburt unserer Tochter arbeite ich (nur) noch vier Tage die Woche. Es stimmt, dass man effizienter wird. Nur noch eine Stunde Facebook pro Tag. Aber auch, dass man die Arbeit von fünf Tagen nicht in vier Tagen erledigen kann. Und einem Unternehmer geht die Arbeit nie aus. Man kann immer noch mehr machen. Noch ein Anruf. Noch ein Mailing. Noch ein Auftrag. Noch ein Kunde. Einer geht noch, einer geht noch rein! Nicht weniger ist mehr, sondern mehr ist mehr. Mehr Kunden, mehr Aufträge, mehr Umsatz, mehr Gewinn. Mercedes. Vollgas. Weltherrschaft. Das fordert seinen Tribut. Die Liste der mehrfach verheirateten Unternehmer ist lang.

Irgendwann, wir waren schwanger, fiel es mir wie

Schuppen von den Augen: Es gibt immer noch mehr zu tun. Mehr zu arbeiten, ändert daran nichts. Im Gegenteil. Ich habe von 7 Uhr früh, okay sagen wir 9 Uhr, bis weit nach Mitternacht gearbeitet und war immer noch nicht mit allem fertig. Das Problem war nicht die Zeit, sondern der Kopf. Wenn ich weiss, dass ich fünf Tage arbeite, verteile ich die Arbeit auch auf fünf (oder sieben) Tage. Wenn ich weiss, dass ich nur vier Tage zur Verfügung habe, bin ich motiviert, fokussierter und schneller zu arbeiten, um möglichst viel in vier Tagen zu erledigen. Warum also nicht einfach einen Tag weniger arbeiten und etwas komplett anderes tun?

Und das tu ich jetzt jeden Mittwoch: eingetrockneten Rüeblibrei vom Parkett abkratzen, verkotzte Nuscheli waschen, staubsaugen, Boden feucht aufnehmen, aber vor allem mit unserer kleinen Tochter rumdödeln, ihr stundenlang beim Schlafen zusehen, ihr die Welt erklären und etwas auf der Gitarre vorspielen.

Es ist ein Skandal. Dass es den Papatag nicht in jedem Unternehmen gibt.

3

Missing Cups in the Chuchichäschtli

Der frühe Vogel fängt den Wurm, heisst es. Deshalb müssen unsere Vögelchen und Würmli möglichst früh Französisch lernen. Und Englisch. Und Mandarin, Hindu oder Frühtürkisch. Klingt wie Frühstück für die Kleinen. Machen die locker neben Algebra und dem anderen Abrakadabra.

Wann oder wo fangen wir an? Am besten bei null. Am besten mit einer zweiten Muttersprache. Che bella cosa! Natürlich erst im Nachhinein bin ich ein wenig neidisch auf die Secondos in unserer Sekundarschule. Die meisten haben zu Hause Italienisch gesprochen und sind in der Schule, vor allem an den Aufsätzen, gescheitert. Aber sie sind zweisprachig aufgewachsen und haben heute neben Rot und Weiss auch Grün im Herz.

Früher hat man sich dafür geschämt. Meine Grossmutter trug einen italienischen Namen und einen italienischen Pass. Nur sprechen konnte sie kein Wort. Ihre Eltern wollten, dass sie es einmal besser hat, ihr Chuchichäschtli sauber hält. Auch ich will, dass es meine Tochter einmal besser hat. Und wenn meine Frau Italienerin ist, ist es meine Tochter auch: «Che buona la banana!». So siehts heute aus. Chuchischäschtli hin oder her. Für die Aufsätze bin ich zuständig.

Aber ich kann gut reden. Ich habe ja nur ein Kind. Ein zweites Kind verändert alles, sagen alle. Auch die Kommunikation. Weil die Kinder auch miteinander reden. Was tun, wenn die eigenen Kinder untereinander nicht mehr in ihrer Mutter- oder Vatersprache sprechen? Ist es okay, wenn Kinder von Schweizer Eltern, wie in Winterthur offenbar geschehen, miteinander türkisch sprechen? Wenn sie mit dem Fahrrad statt dem Velo in den Kindergarten fahren? Wenn sie sich nach der Schule mit Französisch, Englisch, Latein und Italienisch-Freifach nichts sehnlicher wünschen als einen Sprachaufenthalt?

Fremdsprachen machen Spass! Und ganz schön

was her. «Hey, little pumpkin!», hörte ich es kürzlich aus der Küche rufen. Wir waren eingeladen. Kindergeburtstag. Zürich, UBS, London, New York – hey, little pumpkin. Wen wunderts. Mich. Ja, mich. Weit und breit weder Engländer, Amerikaner, Australier, Schotten noch Iren in Sicht. Junge Schweizer Eltern sprechen mit ihrem Kind Englisch. Wow. Die wollen sicher bald auswandern. Oder haben nicht alle Tassen im Chuchichäschtli.

4

Ein Porsche für Papa

«Sie können länger frühstücken. Sie sind früher zum Abendessen zurück. Gibt es ein besseres Familienauto?» So titelte das Inserat für den Porsche 964. Das war 1988. Und es stimmt auch für den Familienvater von heute. Wenn sich auch die Palette der Fahrzeuge stark gewandelt hat. Wählen Sie den Dodge Challenger, wenn das ganze Dorf schon von weitem vernehmen soll, wann Papa nach Hause kommt. Oder einen Tesla, wenn Sie zu Überraschungen neigen. Geradezu zwingend wird die Anschaffung eines Familienautos, wenn man ausserhalb wohnt. In einem kleinen, idyllischen Kaff auf dem Land. Ein Dorf mit unaussprechlichem

Namen, das man erst kennt, seit man bei Homegate die Suchoptionen erweitert hat. Erweitern musste. Denn die kleine feine Wohnung in der Stadt ist zu klein und zu fein geworden. Wir haben jetzt ein Kind.

Die Suche nach einem neuen Dach über dem Kopf beginnt. Eins mit vier oder mehr Zimmern. Und grossem Garten vornedran. Mit Cheminée und Biotop. Oder zumindest einer schönen Terrasse. Oder wir kaufen ein Stück Land und bauen ein Haus. Was ist ein Mann ohne Land? Ohne eigenes Heim, das man irgendwann abgestottert und mit 50 um einen Weinkeller erweitert hat, aber doch nicht besitzt. Weil es einen besitzt.

Oder bleiben wir doch lieber in der Stadt und setzen auf das Stattauto (Mobility)? Zum Beispiel in Zürich. Oder in Basel, Bern, Luzern, St. Gallen oder Winterthur. Eine Mutter erzählte mir kürzlich, dass sie vom Kreis 5 mitten in Zürich West in die Agglomeration gezogen sind. Wo die Mieten günstiger sind. Wo es nach Landluft riecht. Wo um 23 Uhr keine Bässe wummern, sondern Kuhglocken. Wo die Kinder in der Schule noch Lena, Noah, Mia, Leon oder Sara (die beliebtesten fünf Namen im Kanton Zürich zwischen 1987 und 2010) heissen. Wo die Welt noch in Ordnung ist. Wo sich hinter dem Busch zwei Strassen weiter die Hasen und nicht die Nutten gute Nacht sagen. Und trotzdem kommt sie am Nachmittag mit ihrer kleinen Tochter auf die Josefswiese. In die Stadt. Wo die Spielplätze mehr und grösser sind. Wo man an einem Nachmittag mehr Mütter und Väter trifft als das ganze Jahr im Dorf. Wo der Arbeitsplatz, der Supermarkt, die Kita, der Kindergarten, die Schule, das Café, die Pizzeria, der Starbucks und der McDonald's um die Ecke liegen.

Ich kenne Paare, die nach weniger als einem Jahr wieder in die Stadt gezogen sind. Vor allem, weil sie es satt hatten, alles mit dem Auto zu machen. Weil sie (wie so viele Familien auf dem Land) sogar zwei Autos bezahlen müssen. Weil der Supermarkt im nächsten Dorf liegt. Und man sie am Nachmittag in der Dorfbeiz schräg anschaut, wenn sie einen Caramel Macchiato zum Mitnehmen bestellen.

Und ich kenne Paare, die genau deswegen glücklich sind auf dem Land. Weil dort der Kaffee noch Café Crème heisst. Weil dort das CO_2 aus den Kühen kommt und nicht aus dem Auspuff. Weil man in der Abgeschiedenheit näher bei sich selbst ist als bei allen anderen. Weil es unsere Natur ist, in der Natur zu leben. Ja, auch ich war ein glückliches Landei, lernte die Tiergeräusche nicht auf dem iPad, sondern am elektrisch geladenen Zaun des benachbarten Bauernhofs kennen.

Und dann gibt es auch noch jene, die den Fünfer und das Weggli haben, die auf dem Land wohnen und in der Stadt arbeiten. Die glücklichen Pendler. Glücklich, weil die halbe Stunde vom Arbeitsplatz nach Hause ihnen ganz allein gehört. Im Zug. Im Tram. Im Bus. Oder im Porsche. Und was fahren Sie?

5

Das Schweigen der Männer

Er war nach Winnetou der erste Mann, den ich im Fernsehen sah: René. Und er sagte nichts: «I säge nüt!» Er fuhr gut damit. Das «Spielhaus» mit Franz Hohler und René Quellet war 21 Jahre lang auf Sendung. Eine ganze Generation junger Schweizer wuchs damit auf. Schweigen ist Gold. Und Silber, so brachte es uns Arnold Schwarzenegger bei. Als er 1984 als «Terminator» die Sarah Connors dieser Welt das Fürchten lehrte. 107 Minuten lang. Er sprach 17 Sätze mit nur 70 Wörtern. Er wurde Gouverneur von Kalifornien. Und ging in Serie: «I'll be back.»

Wer will es einem Jungen verdenken, dass er

seinen Helden folgt und lieber schweigt, wenn es hart auf hart kommt? Und das kommt. Spätestens, wenn der Pakt der Ehe geschlossen ist. Oder die Beziehung feste Formen annimmt. Mann muss sich erklären. Ein Mann der Taten genügt den Frauen nicht. Der muss reden. Nicht nur mit den Händen, sondern auch mit Worten alles in Einzelteile zerlegen. Wo warst du gestern? Warum kannst du nicht einmal früher nach Hause kommen? Warum musst du so viel trinken? Was gibt dir das? Warum bist du so abweisend zu meiner Mutter? Hast du die Einzahlung für die Kita gemacht? Und jetzt mal ehrlich, soll ich heute Abend das Rote oder das Schwarze anziehen?

Frauen denken eben an alles. Und über alles nach. Und sie reden darüber. Mit ihrer Mutter, ihrer Schwester, ihrer besten und allen anderen Freundinnen, ihrem Chef, ihrem Arzt, ihrer Hebamme. Am Telefon, per SMS, auf Facebook, im Starbucks. Sie suchen Antworten. Sie vergleichen und gleichen sich ab. Hinterfragen sich. Positionieren sich. Finden ihren Weg. Und zu sich selbst.

Und wir? Verharren im Erklärungsnotstand. Es ist, wie es ist. It's a rule. Part of the game. Werden deshalb vor allem Männer Priester, weil sie alles gottgegeben nehmen (können)? Sind wir Adams eben doch die ewig naiven Jungs, die einfach in den Tag hinein leben? Ohne nachzudenken (aber auch ohne sich ständig Sorgen zu machen)? Sind wir Gefühlsasiaten in ständiger Angst, das Gesicht zu verlieren? Liegt es in unseren Genen? Und was ist mit all den grossen Philosophen und Künstlern? Mit denen kann man ja reden. Über Dinge, auf die es keine Antwort gibt. Warum sind wir hier? Warum liebe ich dich? Warum ist Gelb und nicht Grün meine Lieblingsfarbe? Warum mag ich Spaghetti Carbonara lieber als Pesto? Oder noch existenzieller: Wer bin ich? Und wenn ja, wie viele?

Vielleicht haben es die Jungs heute einfacher. In «Twilight» reden sie die ganze Zeit um den heissen Brei herum. Unsäglich. Vier Filme lang. «Bis(s) zum Ende der Nacht» müssen die warten, bis es endlich zur Sache geht. Und dann, am Ende, da sagt er sie ja doch, die vier Wörter. Die Antwort auf alle Fragen: «Bella, ich liebe dich.»

6

Mann, wann wirst du endlich erwachsen?

Wenn ich einmal gross bin, werde ich Pilot. Vielleicht sogar Astronaut. Oder Gemeindeammann. Wie mein Papa. Ich werde zum Mond fliegen. Vielleicht sogar zum Mars. Ich werde fremde Welten entdecken wie Captain Kirk. Oder ein Dorf regieren und Kriege führen. Und immer gewinnen wie Asterix und Obelix. Ich werde eine Raketenkarre fahren wie Batman. Wenn ich einmal erwachsen bin, gehört mir die Welt.

Weihnachten. Ich sitze im Haus der

Schwiegereltern auf der Toilette und blättere in Donald-Duck-Büchern. Ich hoffe, sie haben die nicht für mich da hingelegt. Denn ich gehöre jetzt zu den Grossen. Nein, auf dem Mond war ich nicht. Und ich regiere auch kein Dorf. Unten warten Frau und Kind auf mich. Ich bin Familienvater. Und trotzdem gehört mir die Welt. Eine kleine zwar nur, aber ja, es stimmt, was alle sagen: Vater werden öffnet die Türe zu einem neuen Level. Endgegner vernichtet. Congratulations! You have reached Stage 2.

Ist das jetzt erwachsen? Wenn im Frühschoppen Folgemilch schäumt statt Spatenbier? Wenn der Kater ein Fell und dein Traumauto hinten plötzlich eine Schiebetüre hat? Wenn der Bonus in die dritte Säule fliesst statt in eine Runde Prairie Fire? Und du heimlich zum Hypothekenrechner der ZKB surfst statt zu Youporn?

Das Frauenzimmer nickt. Sie nennen es Reife. Der Wurm, der sich mit zwei Promille im Happy-Bett krümmt, wandelt sich zum Schmetterling, der am Sonntagvormittag mit den Kleinen selbstgebaute Drachen steigen lässt. Es ist ein Wunder. Mann will es selber, kaum ist das Kind da. Ein natürlicher Wandel? Und vollzieht er sich komplett?

Kann Daddy Cool nicht auch mal bis um 3 Uhr in der «Zukunft» hängen bleiben? Das Sackgeld für Makavel-Andria-Chromfelgen und Momo-Leder verpulvern? Es jauchzt das Kind im Manne. Wer will schon die Hexe sein, die es dauernd bestraft?

Sicher gibt es Männer, die gar nie aus der Adoleszenz rauskommen. Problemkinder. Psychologen nennen sie «Child-Men» oder «Boy-Men». Sie wollen sich nicht festlegen oder fahren mehrgleisig. Halten sich alle Optionen offen. Sie werden verantwortlich gemacht, dass Frauen ab 30 kein Vatermaterial finden. Sie sind unreif, heisst es gern. Aber glücklich. Kaum wird aus dem One-Night-Stand ein Two-Week-Stand, hallt der Satz in ihren Köpfen nach: «Mann, wann wirst du endlich erwachsen?» Aber jetzt mal ehrlich: Gibt es nicht genau so viele «Child-Women» oder «Girl-Women»?

Ich gebe es zu. Ich war hinter dem Mond. Habe eine neue Welt entdeckt. Ich habe Kriege ausgefochten. Und einige gewonnen. Ich fahre eine Karre mit mehr PS und Türen als Batman (der VBZ sei dank). Manchmal bin ich der Schmetterling. Und manchmal steckt noch immer der Wurm drin.

7

Wann hören Sie auf zu schnarchen?

Am Stützpunkt der Fliegerabwehr in Payerne fiel es mir zum ersten Mal auf: Jeder zweite Mann schnarcht. Rekrutenschule. 1997. Ich machte die Phase vom besinnungslosen Kantischüler zum abgebrühten Handgranatenspezialisten durch. Die Tage waren lang, die Nächte kurz: Chrrr, chrrr, chrrr.

In 17 Wochen lernte ich, wie man sich mit Sturmgewehr, Cervelat und Sackmesser gegen Invasoren verteidigt. Und wie man in einem Schlafsaal mit 20 Schnarchern von einer Nacht am Strand von Waikiki träumt. Mit Dosenbier und

Discman (damals noch). Wir waren eine verschworene Einheit. Man sagte mir, dass ich dazugehöre. Dass ich einer der Krassesten bin. Einer der ganz brutalen Schnarcher.

Wir traten im Morgenrot daher und lachten darüber. Ein paar Jahre später zog ich in den Krieg. Als ich zum ersten Mal mit einer Frau zusammenzog. Das gemeinsame Schlafzimmer – ein Guantanamo. Ich folterte mit Schlafentzug. Terror. Horror. Wir setzten Abwehrwaffen ein: Oropax. Oder: «Ich gucke noch einen der besten Filme aller Zeiten (Kabel 1) und komme dann nach.» Oder: «Ich esse noch einen Cervelat und schlafe auf dem Sofa.»

Es half alles nichts. Wir waren keine Einheit. Meine Frau gehört nicht zu den 30 (!) Prozent der Frauen, die schnarchen. Trotzdem wurde sie schwanger. Und ich sägte munter weiter am Ast, auf dem unser Eheglück sass. Unbewusst. Ich schlief. Tief und fest. Das ist ja das Gemeine am Schnarcherdasein. Du tust etwas Schlimmes und merkst es selber nicht. Bis es dir jemand sagt. Immer wieder.

So ging ich zu den HNO. Hals-Nasen-Ohren-Ärzten. Die Operation verlief glimpflich. Vollnarkose. Sie schnitten mir ein Stück Fleisch aus dem verengten Rüssel. Seither atme ich die volle Alpenluft. Doch das Schnarchgeräusch blieb. Die Binsenwahrheiten im Umfeld gewannen an Fahrt:

weniger Burger, weniger Bier, weniger Bauch. Unverlockend. Ich versuchte es mit Nasenspray, Nasenpflaster, Globuli, Fisherman's Friend, Meerrettich und suchte weiter.

Und dann fand ich Arthur Wyss. Der gelernte Elektroniker aus Bern hat das ganze Leidensprogramm durchgemacht: CPAP-Beatmungsgerät, Operationen an Nase, Halszäpfchen und Gaumensegel. Von einer Beatmungsmaschine abhängig sein wollte er nicht. Wer will schon jede Nacht aussehen wie ein Alien von H.R. Giger? So begann er, selbst zu experimentieren. Im Nachtzug nach New Delhi sah er einem Mann beim Sutra Neti zu, einem Nasen-Rachen-Putzritual im Hata-Yoga. So kam er auf die Idee für seine Anti-Schnarch-Spange. Ein simpler Draht, den man in den Mund einsetzt.

Bei der Anpassung musste ich fast kotzen, mein Sitznachbar gab auf. Nach zwei Wochen spürte ich nichts mehr. Seither herrscht Ruhe im Schlafzimmer. The War Is Over.

8

Do, Re, Mi, Fa, So, La, Ti, Do

Es waren drei Mädchen und ich, die sich an der Primarschule zum Flötenunterricht einfanden. Schon bald pfiff die Tonleiter aus unseren Speuzchnebeln. Meine Eltern kauften ein Klavier. Ich wechselte zu den Tasten. Und begann zu hadern. Mit der Ballade für Elise. Mit der kleinen Nachtmusik. Mit Mozart, Beethoven, Bach und Seichobsi (Tschaikowsky). Die waren alle von vorgestern. Ich lernte von Toten. Es war wie mit dem Latein. Requiescat in pace.

Doch ich hatte Glück. Mein Klavierlehrer fuhr einen weissen Cadillac Eldorado. Er brachte mir das Boxen bei. Später trafen wir uns zum Schachspielen.

Und im Alpamare. Dahin lud er einmal im Jahr all seine Schüler (auch die Mädchen) ein. Ziemlich unklassisch. Und genau damit hatte er mich. Statt Präludien übten wir Boogie-Woogie. Roll Over Beethoven!

Ich gründete eine Band. Wir beschallten Samstag für Samstag die Nachbarschaft und riefen lange vor Dieter Bohlen zum Casting auf. Wir schlossen die Girls ins Gästezimmer ein, während wir Zigaretten rauchten, bis sie «Enjoy the Silence» von Depeche Mode ab Kassette mitsingen konnten. Wir waren Helden. Ein Instrument zu beherrschen, das war geil und sinnlich. Das war mehr als Fussball, Tennis und Hockey zusammen.

Es ist den Eltern zu verdanken, wenn ein Kind instrumentalisiert wird. Egal ob Klavier, Gitarre, Querflöte, Trompete, Bass oder Schlagzeug – der Lärm lohnt sich. Aber wie führt man Kinder an ein Instrument heran? Was, wenn der Musiklehrer einen Opel Astra fährt?

Elvis bekam seine erste Gitarre von den Eltern geschenkt. Bono entdeckte seine Liebe zum Gitarrenspielen in der Pubertät. Er war 15 Jahre alt. Rihanna gründete im selben Alter mit zwei Klassenkameradinnen eine Mädchenband. Elton John begann mit elf Jahren sein Studium an der Londoner Royal Academy of Music. Whitney Houston wurde das Talent in die Wiege gelegt; ihre Mutter sang Background für Elvis und Jimi Hendrix. Michael Jacksons Vater war Kranführer, die Mutter Verkäuferin. Sie führten ihre Kinder von Talentwettbewerb zu Talentwettbewerb. Bis sie gewannen. Und zerbrachen.

Sind Kinder von Natur aus musikalisch? Oder nur meines nicht? Wie wichtig ist die Wahl des Instruments? Müssen wir selbst Vorbild sein? O du Fröhliche. Oder schaffen es die Kleinen auch ohne uns? Curtis Jackson (50 Cent) wuchs nach dem Tod seiner Eltern bei den Grosseltern auf, handelte als 12-Jähriger mit Drogen und erhielt mit 18 seine erste grosse Gefängnisstrafe, bevor ihn Jam Master Jay für sein Label entdeckte.

Vielleicht steckt dahinter der Wunsch, ein Star zu sein. Vielleicht sucht es auch nur ein Mittel, sich auszudrücken. Sich Gehör zu verschaffen. Warten Sie nicht, bis DJ Bobo Ihr Kind in der Justizvollzugsanstalt Pöschwies für die grössten Schweizer Talente entdeckt. Schenken Sie Ihrem Kind ein Xylophon. Oder installieren Sie das MiniPiano auf Ihrem iPhone.

9

Darf man Kinderzeichnungen hässlich finden?

Die eigene Wohnung bebildern ist eine Kunst. Anker, Mirò, Rembrandt, ein New-York-Poster von Ikea oder ein Zirkuspferd von Rolf Knie? Geschmacksache. Obwohl ich dem Spruch von Polo Hofer zustimme: Lieber vom Leben gezeichnet als von Rolf Knie gemalt. Hauptsache, es passt zur Einrichtung. Zum Modell Torino von Micasa, dem meistverkauften Sofa der Schweiz. Gefertigt aus unkomplizierten Mikrofasern in heiterem Hellblau.

Das Problem haben wir nicht mehr. Denn bei uns

hängen neuerdings Kunstwerke, die zu allem und nichts passen. Frühe Skizzen aus einer expressionistischen Phase. Ohne Titel. Neocolor auf Recyclingpapier. Werbegeschenk-Kugelschreiber auf Schuhkarton. Zum Glück nicht Öl auf Leinwand, das wäre wirklich eine Schweinerei.

Abstrakte Werke mit surrealistischen Motiven. Kurze und lange Striche in dadaistischer Linienführung. Oft Kreise. Und an mancher Stelle ist gut erkennbar, wo der Stift dem brutalen Handwerk des Meisters erlag. Postmoderne Performance-Kunstwerke. Wirr und hässlich. Schliesse man auf den Seelenzustand der Künstler; er würde zwischen postnatalem Trauma und manischer Schizophrenie schwanken.

Würde man einem Kapuzineräffchen zwei Gin Tonic und einen Bleistift in die Hand geben oder einen Eimer Farbe ausleeren und mit dem Helikopter drüberfliegen, das Resultat wäre das Gleiche. Das wusste schon Karl Valentin: «Wenn's oana ko, isses koa Kunst. Wenn's oana net ko, isses oa koa Kunst.»

Trotzdem haben wir die Dinger aufgehängt. Weil sie von unseren Gottikindern, Enkelkindern oder unseren eigenen kleinen Da Vincis stammen. Aber müssen wir sie deswegen auch «so herzig» oder «so süss» finden? Hängt unser Urteil davon ab, von wem etwas ist? Ist ja nicht nur bei den Zeichnungen so.

Sondern auch bei den Kindern selbst. Es gibt hübsche Babys und weniger hübsche Babys. Kennen Sie Eltern, die ihre Kinder hässlich finden? Ist es eine Erfindung von Komikern wie Michael Mittermeyer, dass es AKs (Arschloch-Kinder) gibt?

Und wie gehen wir mit unserem Urteil um? Was sagen wir den Kleinen? Loben wir ihre schrecklichen Zeichnungen? Ihre kreuzfalsch geflöteten Weihnachtslieder? Wie pädagogisch wertvoll ist der Unterschied zwischen «Das hast du aber schön gesungen» und «Da hast du dir aber richtig viel Mühe gegeben»?

Meine Mama bunkert immer noch Kinderzeichnungen von mir und meinem Bruder. Und manchmal wünschte ich mir, es hätte damals schon iPhones gegeben, um unser Krippenspiel für immer in der iCloud zu verewigen. Es sind Perlen. Und so grauenvoll sie auch sein mögen, sie sind von uns.

10

Zum Rumpumpelblitz und Donnerschlag

Der Kasperli ist wieder da! Übermorgen, am 23. März (für alle, die das Buch lesen: das war 2012), geht die rote Zipfelkappe mit zwei neuen Abenteuern an den Start. Geschrieben von den TV-Moderatoren Andrea Jansen und Nik Hartmann. Gesprochen wird der neue Kasperli von David Bröckelmann. Ganze 17 Jahre lag das Erbe von Jörg Schneider brach. Obwohl, ganz verzichten mussten wir ja nie. Man braucht nur die Zeitungen der letzten Monate durchzublättern.

Da gab es das eine oder andere Kasperlitheater nachzulesen:

- De Zwätschgeräuber gaat i d'Falle (Affäre Hildebrand)
- De verbrännt Härdöpfelstock (Fukushima)
- D'Fee Schwäfelblitz im Dracheloch (Widmer-Schlumpf)
- Die gschtole Schatzchischte (Euro-Krise)
- De flüügend Esel (Gripen)
- D'Indianer-Zaubermedizin (Untergrenze Eurokurs)
- De Schorsch Gaggo reist uf Afrika (Auschaffungsinitiative)
- Die siebe Wunderchrüütli (Bundesratswahlen)
- De Zauberbrunne i de Wüeschti (Bankgeheimnis)
- De Gfröörli gaat go Schiifahre (Winter 2011/12)
- S'Mondchalb und de Hurrlibutz (Mörgeli bei Schawinski)

Zum Pillelipülverlipötzelipotz! Unser Kasperli, «Der fröhliche Anarchist», so wusste die «Weltwoche» bereits vor einem Jahr, ist aktueller denn je. Und viel mehr als ein Märchen. Er ist ein echter Schweizer

Held. Anders als der Pumuckl aus Bayern, der einen Meister braucht und die meiste Zeit unsichtbar durch die Werkstatt geistert. Oder der hölzerne Pinocchio aus Italien, dem doch spätestens beim Bankgeheimnis eine Nase bis nach Chiasso wachsen würde.

Der Kasperli prägte Generationen von Schweizern. Er brachte uns Diplomatie, Neutralität und Gerechtigkeitssinn bei. Er sorgte dafür, dass der Velochlauer ins Chefi kommt, dass Gärtnermeister Häckeli keine Angst mehr vor dem Rüeblidieb haben muss. Dass Choleri und Poleri ein Riegel geschoben wird. Er schlichtete zwischen der Häx Nörgeligäx und dem Umemuuli, zwischen Zwängeli und Bängeli. Und am Ende siegte immer das Gute. Wir konnten fast so beruhigt einschlafen wie nach einem Film von Walt Disney.

Ich habe die Kassetten noch bis ins Gymi zum Einschlafen verschlungen und kann, wie Nik Hartmann, fast jede Folge auswendig. Ich bin gespannt, wann ihm das Trallala zum ersten Mal auf den Wecker geht. Vielleicht dann, wenn die ganze Fahrt lang an die Costa Brava und zurück nichts anderes läuft. Obwohl, heutzutage hat ja jedes Kind seinen eigenen iPod. Äh, das neue iPad, sorry.

Die grosse Faszination an den Kasperli-Hörspielen liegt an der Kreativität im Umgang mit der uns so eigenen Sprache. Ich habe seit meiner Kindheit nie wieder so fasziniert einer Geschichte in Mundart zugehört. Jörg Schneider hat vermutlich mehr für den Schweizer Dialekt getan als irgendjemand sonst in den vergangenen 50 Jahren. Und um diesen ist es offenbar immer schlechter bestellt.

Vorletzte Woche am Schweizerischen Marketing-Tag erzählte mir jemand, dass auf den deutschen Samenbanken Mangel herrsche. «Weisch wieso?», wurde ich gefragt. «Wil all Wixer i de Schwiiz sind.» Potz Holzöpfel und Zipfelchappe!

Den bitterbösen Witz mögen uns die deutschen Freunde in der Schweiz verzeihen. Verdauen Sie am besten mit den neuesten Kasperli-Folgen: «De Seegeischt im Fürwehrweiher» und «S verzauberete Flugzüüg». Ab Freitag überall im Handel. Ich freue mich irrsinnig darauf.

11

Sind wir denn hier im Mädchenpensionat?

Ich hatte es erfolgreich verdrängt. Und dann verloren die Bayern im Hinspiel 0:1 gegen Basel. Franck Ribéry verweigerte dem Trainer nach seiner Auswechslung den Handschlag. Uli Hoeness brüllte die Journalisten an: «Ihr und euer Scheiss-Handschlag. Sind wir denn hier im Mädchenpensionat?»

Da kam es wieder hoch. Nein, ich war nicht im Mädchenpensionat. Sondern in einem ganz normalen Internat. Sofern man ein (damals noch) von

Kapuzinern geführtes Gymnasium so nennen kann. Und ja: In unserer Klasse gab es auch Mädchen. Doch die stanken. Wir waren zwölf. Sie wohnten in einem separaten Trakt. Ohne Spiegel. Nonnen dürfen sich selbst nicht ansehen. War bei den meisten besser so. Männliche Besuche wurden mit Schwanzabhacken, nein, aber immerhin mit Ultimatum geahndet: «Noch ein Mal und du bist raus!» Heile Welt klingt anders. Ich bezweifle, dass das Drillprogramm des FC Bayern da mithalten kann.

Morgenmesse um 06:00 Uhr. Altes Brot um 06:50 Uhr. Das frische räumten sie jeweils hinten ins Regal. Danach Lernsaal, jeder an seinem Klapp-Pult, der Aufseher sorgte für Mucksmäuschenstille. Ab 07:30 Uhr Unterricht. Bei Pater Ferdinand. Bei Bruder Klaus. Latein war Pflichtfach. Auferstehung der Toten. Zum Zmittag gab es mit Tomatensuppe verdünnte Ravioli aus der Büchse. Das Essen wurde vom Keller per Esslift in die Mensa gebeamt. Es folgten Mittagsstudium und Unterricht, Fleischkäse mit Spiegelei, Abendstudium, Lichterlöschen um 21:30 Uhr.

Darf man einem Kind so etwas antun? Es in eine Klosterschule stecken? Oder noch besser in ein britisches College. Wo es für 30'000 Franken im Jahr eine international anerkannte Matura, geschliffenes Oxford-Englisch und astreine Umgangsformen erhält. Und am Ende doch mit einem Ägypter durchbrennt. Wie Diana Spencer. Sie war auf dem Riddlesworth-Halls-Internat. Was bringt Eltern dazu, ihre Kinder ins Internat zu schicken? Wollen sie ihnen die bestmögliche Ausbildung ermöglichen? Oder sie mit all ihren Problemen einfach abschieben?

Und wenn das Kind es selbst will? So wie ich. Mit zwölf wollte ich weg. Weg von allem. Raus aus dem Dorf, wo mich jeder kannte. Ich war ein bunter Hund, mein Vater regierte als Bürgermeister. Die Besichtigung war genial. Internate von innen sehen ja heute nicht mehr aus wie bei Jane Eyre oder Neil Perry in «Der Club der toten Dichter». Ich sah Dreierzimmer. Ich sah vier Commodore 64 in einem Computerraum. Ich zählte die Tage bis zum Einrücken.

18 Monate später rief ich aus einer verlassenen Telefonzelle im Nirgendwo meine Mama an. Im Internat musste man Anrufe an der Rezeption anmelden und wartete zum abgemachten Zeitpunkt im Nebenzimmer, bis es klingelte. Es hatte sich einiges auf meinem Kerbholz angesammelt. Und ich hatte Heimweh. Diese unheimliche Stille in den langen, kalten Gängen, die Einsamkeit in den Stunden, die sie Freizeit nannten – schrecklich.

Zurück in der Kaffschule merkte ich erst, wie viel ich gelernt hatte. In Geografie, Geschichte,

Grammatik und vor allem in diszipliniertem Denken. Vieles empfand ich, natürlich erst im Nachhinein, als Bereicherung. Mit Kameraden Klassenzimmer und Schlafzimmer zu teilen. Eine echte Lebensschule. Jahre später im obligatorischen Mädchenpensionat namens Rekrutenschule – das Flashback. Aber da wusste ich bereits, wie Mann das Leben fern der Heimat meistert: mit viel Selbstvertrauen, noch mehr Bier, mit dem einen oder anderen Scheiss-Handschlag und einem Hafen, der sich Zuhause nennt.

12

Was hat den Frauen die Lust am Essen verdorben?

Zwei Ananas stand auf der Einkaufsliste. Ich war 15. Wir schreiben das Jahr 1991. Der erste Frauenstreiktag veränderte alles. Plötzlich waren die Mädchen an unserer Sekundarschule gleichberechtigt. Uns Buben schickten sie in den Kochkurs. Und die Mädchen schmiedeten im Werkunterricht das Eisen. Fanden wir noch ganz lustig. Pfeffern statt büffeln.

Im Volg füllten wir zwei Einkaufsabgesandten vor dem Unterricht artig unsere Einkaufskörbli. Mit frischen Peperoni, Schalotten, 3 kg Rindsvoressen, Bratbutter, Paprika, Rindsbouillon, Mehl, Salat und die Liste war schon fast abgearbeitet. Fehlten noch die beiden Ananas. In der Früchteabteilung fanden wir nur eine. Ich fragte nach bei der Verkäuferin: «Tut mir Leid, das ist die Letzte.» Na, bravo! Und jetzt? Mit nur einer Ananas wollten wir auf keinen Fall zurück. Ich legte die eine Ananas auf die Waage: 1.5 kg. Die Verkäuferin musste das ganze Lager räumen, bis wir genug Dosen mit Ananas-Scheiben hatten, um auf 3 kg zu kommen.

Die Dosen, ich weiss nur noch, dass sie eine ganze Einkaufstasche füllten, türmten wir neben den anderen Einkäufen stolz zu einer mächtigen Pyramide auf. Das Gesicht der Hauswirtschaftslehrerin werde ich nie mehr vergessen.

So war das damals, als die Frauen streikten. Die Mädchen konnten nach der Sek einen neuen Auspuff ans Töffli schweissen und aus einem Stück Eichenholz eine Madonna schnitzen. Und wir kochten Gulasch, verinnerlichten die Gartemperatur von Broccoli und den Unterschied zwischen echten und falschen Filets.

Ich kenne eine ganze Reihe von Männern, die zu Hause hinterm Herd stehen und Kochen (vor allem Grillen) sogar als Hobby angeben. Mit einigen kulinarischen Ausnahmen kann ich das nur von wenigen Frauen behaupten. Haben wir sie aus der Küche verdrängt? Hat ihnen das 90-60-90-Diktat den Appetit verdorben? Interessiert sie das Essen deshalb nicht, weil sie so wenig wie möglich davon zu sich nehmen wollen? Nicht wenige Frauen sehen die Nahrungsaufnahme als lästige Pflicht. Sie bringen zum Mittagessen ins Büro ein geschältes Rüebli und ein Weight-Watchers-Joghurt mit und bestellen am Abend beim Tête-à-tête ein Salatschüsseli. Sie rümpfen die Nase, wenn es in der ganzen Wohnung nach Cordon bleu riecht. Die Zukunft sieht noch düsterer aus. Die Mädchen von heute wollen die Models, Sängerinnen oder Moderatorinnen von morgen werden. Und die ernähren sich von Koks und gezuckerten Wattebäuschchen.

Wo sind die weiblichen Jamie Olivers und Ivo Adams? Wer tritt in die Fussstapfen von Annemarie Wildeisen? Ja, unsere Mütter konnten noch kochen. Und essen.

Oder ist die Freude am Brutzeln weniger eine des Geschlechts als eine der Lebensumstände? Als ich nach dem Gymi endlich alleine in meinen eigenen vier Wänden wohnte, ass ich keine Ananas mehr. Weder frisch noch aus der Dose. Dafür gabs Fertigpizza. «Tre Formaggi» von Buitoni – come fatta a mano. Nach drei Jahren zog ich aus. Die

Schachteln stapelten sich in der Küche vom Boden bis zur Decke. Und die Agentur schenkte mir zum Abschied einen Gutschein. Für eine Reise nach Italien. In die Buitoni-Fabrik.

13

Huere Siech, wir haben ja ein Kind!

Von all den Versli, mit denen man als kleines Kind so aufwächst, ist mir eines bis heute gelieben. Ein verbotenes. Es stammt aus dem grünen Buch, das in Vaters Bibliothek neben den Fotoalben lag. Heimlich habe ich es rezitiert: «De Pfarrer vo Genf, de badet im Senf. Do chunnt es Krokodil und bisst en is Ventil.»

Ja, damals gab es noch keine Ventilklausel und auch noch nicht die Sendung von Läster-Frank Baumann. Für uns waren die Fakten genauso explosiv: ein Krokodil, ein Pfarrer und sein Pimmel – eine Bestie, Religion und Sex. Es war mein Einstieg in ein verborgenes Vokabular, das ich noch ausbauen sollte. In der Primarschule gaben wir die neu entdeckte Poesie im Versteckten an die Kameraden weiter: «In der Nacht, in der Nacht, wenn der Busenhalter kracht und der Seckel explodiert.»

U huere geil war das. Fluchwörter haben etwas Befreiendes. Und eine ungemein positive Kraft. Dampf ablassen tut verdammt gut. Auch der heutigen Jugend (welch grosse Schublade). Selbst wenn sich die Tonalität in den Augen mancher Eltern dramatisch verschärft haben mag. Der «dumme Sürmu» hat sich auch in Bern zu einem «verfiggten Wixer» gemogelt. Wohlwollende Sonntagsväter kaufen ihren Söhnen in der Badi das falsche Glacé: «Bisch es Arschloch.» Lena (häufigster Vorname 2010) im rosa Kleidchen verflucht im Tram 14 das Schwesterherz, das ihre Maltesers nicht teilen mag: «Gib mer etz au eis, du verdammti Sau!»

Genau, wir verziehen möglichst keine Miene. Das motiviert die Kleinen ja bloss, einen Gang höher zu schalten. Stattdessen geben wir die Losung der Kleinkindpsychologen zum Besten: «Das ist kein nettes Wort, das sagt man nicht.» Oder: «So kannst du mit deinen Freunden reden, aber nicht zu Hause.» Oder wir kontern mit einem anderen aufregenden Wort? Gemäss Babycenter.ch sollen «Abrakadabra» und «Diedeldumdei» gut funktionieren. Bullenscheisse! Oder bewahren Sie wirklich ruhig

Blut, wenn Ihr Kind den Nachbarsjungen mit «Jugo» oder «Möngi» betitelt und nach dem weihnächtlichen Flötensolo kichert: «Grosami, du bisch e blödi Fotze!»

Wohl kaum. Wie reagieren wir richtig auf Beleidigungen unserer Kinder und diskriminierende Kraftwörter? Wie viele Emotionen zeigen wir? Und wenn die Vorbildfunktion versagt? Was, wenn uns selbst ein «Tami» oder «Fuck» herausrutscht?

Richten wir dann daheim eine Schublade ein, in die wir alle bösen Wörter versorgen? Oder definieren wir täglich einen Slot von fünf Minuten, in denen alle fluchen dürfen? Was für ein verschissenes Rezept haben Sie?

14

Die ewige Nummer zwei

Endlich Feierabend. Endlich Wochenende. Endlich Ferien. Endlich Zeit für die Familie. Du streckst erwartungsvoll die Arme aus: «Komm zu Papa!» Und dann dackelt das Kind schnurstracks an dir vorbei zu Mama, die es tröstend an ihre Brust drückt. Ohhhhh – das tut weh. Du fühlst dich abgestraft («Du bist ja nie da!») und schlecht belohnt («Ich war verdammt noch mal arbeiten!»).

Die Leiden des jungen Vaters. Und es ist egal, wie gut er in der Folge den Club-Med-Affen macht, das Kind quengelt spätestens nach einer Minute: «Mama, Mama!» Nicht jeder verdaut Abweisung gleich gut.

Neid flammt auf, der stillende Busen wird verwünscht: «Trau keiner Frau, bei der eine Titte grösser ist als der Kopf.»

Alles halb so wild, schreiben die Autoren von «Oje, ich wachse!» Intensive Mamatitti-Phasen künden nicht die Entfremdung von Papa an, sondern Sprünge in der mentalen Entwicklung des Babys. Ist doch (bio)logisch: Das Baby hat neun Monate in der Frau drin gewohnt und würde manchmal halt am liebsten wieder rein.

Der Umstand gerät mancher Frau zum Grund, es mit dem Kind ständig besser zu wissen. Mama weiss: Es hat jetzt Hunger, es ist jetzt müde, es will deinen Schokoriegel nicht, ist doch sowieso noch zu früh. Viele Männer schalten angesichts derartiger Allmacht auf Tilt, stehen ungelenk wie Roboter neben Frau und Kind und warten auf die nächste Kommandozeile: «Holst du noch ein frisches Nuscheli, Schatz? In der Wickeltasche vorne rechts.»

Papa übernimmt die Rolle des passiven Dienstleisters. Was fast zwangsläufig darin endet, dass Papa sich rumkommandiert, fremdbestimmt und seiner Freiheit beraubt sieht und Mama daran verzweifelt, immer und alles selber machen zu müssen.

Gleichberechtigung sieht anders aus. Aber wie? Kann Papa neben Mama überhaupt eine gleichberechtigte Rolle spielen? Auch der überall herbeizitierte moderne Vater startet mit Nummer zwei in dieses viel beschworene gleichberechtigte Elterndasein. Mit dem Handicap, nicht die Mutter zu sein. Eines, das er, anders als beim Golf, nie aufarbeiten kann. Und auch nicht will.

Obwohl er könnte, glaubt man Fällen wie diesem: Spaziergang auf dem Bauernhof, Hund beisst Hand, Tränen und Trara, das blutende Kind ruft nicht Maaamiii, sondern Doooris, die Kitaleiterin.

Sind Kinder gar nicht auf ihre biologischen Mütter, sondern auf die Personen geprägt, die ihnen in den ersten Jahren am meisten Zeit und Zuneigung schenken? Könnte auch Papa sein. Oder Grosi. Oder Stiefmutti. Wobei viele adoptierte Kinder berichten, dass sie zur natürlichen Mutter grössere Nähe spüren, auch wenn sie diese erst Jahre später kennenlernen.

Mama ist Mama. Das wird sich auch dann nicht ändern, wenn Macho-Mama gleich viel verdient wie Macho-Papa. Mit Schwangerschaft, Geburt und Stillen zeichnet die Natur den Frauen den Weg zur fürsorglichen Mama vor. Dieser natürliche Wegweiser, gerne auch als Korsett interpretiert, fehlt dem Mann. Es liegt an ihm, (s)einen Weg zu finden. Alles ist möglich. Und vergessen wir nicht, Kinder haben nicht nur eine Mama, sondern auch nur einen

Papa. Da sind Sie die Nummer eins. Machen Sie was draus!

15

Wow, der Langhaardackel ist zurück

Irgendwann letzten Sommer wanderte meine Coiffeuse nach Miami aus. Eine Weile spielte ich mit dem Gedanken, sie zu ersetzen. Und fand bei Google Alternativen: Kaiserschnitt, Hairzog, Megafön, Millionhair. Im Hipster-Zürich waschen, legen, schneiden jede Menge lustiger Hairstylisten. Noch lustiger fand ich nur noch, die Haare einfach wachsen zu lassen. An die Tennisball-Massage von Isabelle kommt ja doch keiner ran.

Und ich war nicht der Einzige. Wo mich Wochen

zuvor im Tram, im Starbucks, im Fernsehen, beim Einkaufen, auf Plakaten und auf Titelseiten schwangere Frauen anlachten, offenbarten nun Männer ihre wallende Haarpracht. Pitt, Depp, Farrell, Mortensen, Holloway, Kutcher, Gress, Freysinger. Sogar in der SVP rapunzelts. Wow. Der Langhaardackel ist zurück. Obwohl, wem die Haare ausfallen, der entdeckt wohl plötzlich überall Haarkränze. Mann sieht, was Mann sehen will.

Also alles subjektiv. Und kulturell bedingt. Die christlichen Länder beten einen Langhaarigen an, die Buddhisten einen Glatzkopf, die Juden tragen Schläfenlocken und die Muslime lange Bärte. Die einschlägigen Fashion-Portale befehlen für die Männerfrisur 2012 unreligiös: kurze Seitenpartien, am Oberkopf überlang. Einfach am Abend durch die Kreise 4 und 5 spazieren, sehen alle so aus.

Im Geschäftsalltag, insbesondere auf der Teppichetage, gelten lange Haare noch immer als bonusfeindlich. Der Knigge empfiehlt, sie geschlossen und aus dem Gesicht frisiert zu tragen. Bei Bankern oft streng nach hinten gekämmt und mit Gel oder Pomade festbetoniert. Sieht bankkundengeheimnisvoll bis mafiös aus. Wenigstens ein ehrlicher Schnitt.

Und zu Hause? Was, wenn Papa plötzlich längere Haare trägt als Mama? Kein Problem, sagt der Gott des Gemetzels. Im Gegenteil. Wir wollen die kommende Generation doch nicht in die gleichen Förmchen drücken, mit denen wir aufgewachsen sind. Ein Werbespot für Bic zeigt, wie ein guter Rasierer dabei hilft: Kinderzimmer, das Licht ist aus, Papa deckt die Kleine zu, gibt ihr einen dicken Kuss, und als er zur Türe geht, flüstert die Stimme aus dem Bettchen: «Gute Nacht, Mama.»

Jawoll. Ich lasse meine Mähne wachsen. Auch wenn es ein haariger Weg wird. Mit doofen halblangen Zwischenfrisuren. Mit hämischen Kommentaren. Mit Schwarzkopf Conditioner statt AXE Anti Hangover. Mit täglich längerem Kämmen. Mit vielleicht bald einem Haargummi. Und mit der leisen Hoffnung, dass meine Coiffeuse noch eine Weile in Miami bleibt.

Was denken Sie? Sind lange Haare bei Männern tragbar?

16

10 hochprozentige Ausreden

Die Party ist vorbei, der Samen platziert. Jetzt wird alles anders. Werdende Väter stehen wie nie zuvor im Flutlicht der Gesellschaft. Sie wollen sich viel Zeit nehmen für die Familie. Sie wollen Mama entlasten, Windeln wechseln, Staub saugen und vor allem: da sein für die Frucht ihrer Lenden. Fast jeder träumt von Teilzeitarbeit. Einige sehen sich sogar als Hausmann. Und trotzdem malochen sie, kaum ist das Kleine da, mehr als je zuvor. Nicht einer von zehn steckt zugunsten der Familie im Beruf zurück.

Wo liegt der Hund begraben? In den Genen des Jägers? Im vermaledeiten System, das den Mann zum

Held der Arbeit stilisiert? In der zahnlosen Familienpolitik? In der unsäglichen Finanzkrise? Nein. Die Wahrheit ist viel profaner: Die meisten Männer wollen gar nicht Teilzeit arbeiten. Jedenfalls nicht wirklich. Und sie haben gute Ausreden:

«ICH ARBEITE DOCH GERN.»

Der Beruf als Berufung. Er macht Männer erst zu dem, was sie sind oder sein wollen: angesehen, reich, sexy. Warum den hart erkämpften Status mit reduziertem Pensum gefährden? Und jetzt mal ehrlich: Es kommt doch auch Frau (BMW X5) und Kind (Balmoral Silver Cross) zugute.

«WIR HABEN BEI UNS IM MOMENT VIEL ZU TUN.»

Und es wird nicht weniger. Jeder Chef weiss: Nicht weniger ist mehr, sondern mehr ist mehr. Mehr Kunden, mehr Aufträge, mehr Arbeitsplätze, mehr Gewinn für alle. Auch für unsere kleine Familie.

«BEI DER FINANZKRISE? UNMÖGLICH.»

Im Moment ist es halt schwierig. Die Börse. Der Euro. Das wirtschaftliche Umfeld, weisch? Und Besserung ist nicht in Sicht. Auch wenn es eines schönen Tages wieder aufwärts gehen sollte. Dann muss erst recht jeder anpacken. Mit Teilzeit ist da nichts zu machen.

«BEI DEM CHEF? KANNST DU VERGESSEN.»

Er hat zwar auch zwei Kinder, aber wenn es ums Geschäft geht, ist er knallhart. Er ist der Erste am Morgen und der Letzte am Abend. Ein echtes Vorbild. Bevor der Kurzarbeit einführt, verlagert er die Produktion nach Asien. Dort arbeiten sie noch 60 Stunden die Woche.

«MEINE FRAU BLEIBT GERN ZU HAUSE.»

Und zu zweit um das Kind rumdödeln, wäre dann doch leicht übertrieben, oder? Und mir macht es nichts aus, 100 Prozent zu arbeiten. War ja vorher auch nicht anders. Und früher auch nicht. Oder?

«DANN IST ES MIT DER KARRIERE VORBEI.»

Als Angestellter vielleicht, aber in einer leitenden Funktion, im Kader, kannst du Teilzeit vergessen. Zwischen 30 und 40 nimmt die Karriere Fahrt auf. Dann gibt es Beförderung, Bonus und erst richtig viel zu tun. Auf dem Golfplatz, an Kundenanlässen und im Nachtclub.

«ALLE ANDEREN ARBEITEN AUCH 100 PROZENT.»

Es würde das Arbeitsklima vergiften, Neid und Missgunst schüren. Warum darf der Huber plötzlich Teilzeit und ich nicht? Dann könnte ja jeder kommen. Schön wärs, ja. Aber kannst du vergessen.

«IN MEINEM JOB GEHT DAS NICHT.»

Ja, bei euch vielleicht. Aber bei uns, wir sind halt ein Produktionsbetrieb. Da muss die Maschine die ganze Woche laufen. Ist in einem Dienstleistungsbetrieb wahrscheinlich anders, oder rufen die Kunden da auch ständig an?

«ES GIBT KEINE QUALIFIZIERTEN TEILZEIT-STELLEN.»

Der Arbeitsmarkt ist ausgetrocknet. Hartes Brot. Die Deutschen nehmen uns die Stellen weg. Und für die paar Teilzeitstellen bewerben sich ja sowieso nur Frauen. Als Mann hast du da keine Chance. Kannst du vergessen.

«DAS KÖNNEN WIR UNS SCHLICHT NICHT LEISTEN.»

Wir haben im Excel ein Familienbudget gemacht und knapp kalkuliert. Meine Frau arbeitet momentan 40 Prozent. Und wenn ich auf 60 Prozent reduziere, hätten wir ja nur noch 100 Prozent. Das Haus, die beiden Autos und Ferien liegen da einfach nicht mehr drin.

Wer nicht will, der will nicht. Kein Problem. Aber wie viele Väter stehen dazu, dass sie nicht mehr Zeit mit der Familie verbringen wollen? Und wie viele wollten zwar, müssten die Windeln, die sie ihren Sprösslingen wechseln, aber eigentlich selbst anziehen? Weil sie die Hosen voll haben, um beim Arbeitgeber überhaupt einmal nachzufragen und Teilzeit einzufordern. Die meisten, die es wagen, gewinnen. Und die anderen werden es bereuen. Todsicher.

Die australische Sterbebegleiterin Bronnie Ware trug in ihrem vielbeachteten Buch die fünf Dinge zusammen, die Sterbende am meisten bereuen. Auf Platz eins: «Ich wünschte, ich hätte den Mut gehabt, mein eigenes Leben zu leben statt das, das von mir erwartet wurde.» Und auf Platz zwei: «Ich wünschte, ich hätte weniger gearbeitet. Und mich mehr um Kinder, Partner und Freunde gekümmert.»

17

Nach wem kommt das Kind?

So herzig! Ganz die Mama. Und den Appetit, den hat sie vom Papa, gäll? Wer bei Freunden oder am Familientürk mit einem Kleinkind auftaucht, kann sich neben unzähligen Jöhs auch auf die Mutter aller Fragen gefasst machen: «Nach wem kommt das Kind?»

Und los gehts. Zuerst die Äusserlichkeiten. Da kann jeder mitreden. Falls Sie ein Mädchen präsentieren, stammen die grossen, unschuldigen Rehaugen, die Goldlöckchen und das süsse Lächeln von der Mutter. Klar. Bleiben Buddha-Bauch, Ohren und Kopfform für den Vater. Obwohl, hatte die

Mama als Kind nicht auch diesen, zwar nicht ganz so krassen, Eierkopf? Im Haus der Schwiegereltern wird in diesem Moment gerne auch mal verstaubtes Beweismaterial in Form vergilbter Familienfotos ausgegraben.

Können Sie hingegen mit einem Thronfolger aufwarten, kommt das spitzbübische Lächeln, der schelmische Blick und das struppige Haar vom Papa. Prost! Woher denn sonst. Ausser, wenn der Haarwuchs spärlich spriesst, dann gerät der kleine Mann ganz nach dem Grossvater. Weil es ja immer eine Generation überspringt. Wenn schon der eigene Sprössling nicht vom eigenen Schlag ist, dann wenigstens das Engelskind, äh, Enkelkind. In den ersten Monaten sehen im Neugeborenen alle, was sie sehen wollen. Auch wenn alle Babys blaue Augen haben.

Das Werweissen nervt zuweilen. Bleibt aber spannend. Das Kind wartet ja mit ständig neuen Verhaltensmustern auf, die es sich bei den Eltern abgeguckt hat. Es furzt und isst mit den Händen, ganz der Papa, oder es beginnt zauberhaft zu singen wie die Mama.

Und doch schwingt da und dort leise Enttäuschung mit. Was, wenn mir das Kind überhaupt nicht gleicht? Weder äusserlich noch vom Charakter her? Waren meine Gene zu schwach? Warum konnte ich mich nicht durchsetzen? Reproduktion gescheitert? Wie gehen Mütter und Väter damit um?

Ladies first. Die meisten Frauen und Mütter (Macho-Mamas ausgenommen) gehören zur Spezies der Gleichmacherinnen. Meistgehörter Schlüsselsatz: «Ich auch!» Sie nivellieren ihre Umgebung, um sich gleichwertig und deshalb wohl zu fühlen. Was sie zu liebenswürdigen und sozialen Wesen macht, gleichzeitig aber daran hindert, eine Führungsrolle zu übernehmen. Viele Frauen scheitern im Arbeitsleben daran. Weil der Schritt in die Chefetage Abgrenzung und Andersartigkeit (ich bin besser) bedingt. Frauen vergleichen ständig. Klatsch und Tratsch.

Mütter sehen ihr Kind als Teil von sich selbst. Ein wunderbarer, natürlicher Reflex. Selbst wenn das Kleine ein Ebenbild des Vater darstellt. Sie reduzieren Andersartigkeit, indem sie glauben, dass sie in einer früheren Phase ähnlich waren. Oder sie entdecken in ihrem Kind eigene verborgene Potenziale. Das Kind gleicht ihnen so oder so. Das wissen sie in ihren Herzen. Sie haben es schliesslich geboren.

Absolut typische Charakterzüge des Partners beim eigenen Kind werden nach aktuellem Status der Beziehung gewertet. Im guten Fall betonen sie diese sogar. Im ungünstigen Fall muss das Kind zum Besseren erzogen werden. Wie der Partner auch.

Bei Männern ist Andersartigkeit Programm. Sie

sind etwas Besonderes. Sie beschäftigen sich eher mit sich selbst als mit ihrer Umgebung. Meistgehörter Schlüsselsatz: «Du auch?» Sie streichen ihre oft vermeintliche Einzigartigkeit vornehm (Gentleman) oder direkt (Prolo) heraus und machen sich damit Freunde (Gleichgesinnte), Kollegen (Bewunderer) oder Feinde (Neider). Ihre Kinder sehen sie als Teil ihres neuen Lebensabschnitts, als Teil ihrer Familie. Und im Gegensatz zur Mutter weniger als Teil von sich selbst.

Väter sehen ihre Töchter und Söhne eher so, wie sich selbst, als eigenständige Personen. Ihre Brust schwillt unheimlich an, fast wie beim Milcheinschuss, wenn ihnen der Sprössling gleicht. Je weiter der Apfel vom Stamm gefallen ist, desto empfindlicher schmerzt es aber auch. Wobei sie sich das nie anmerken liessen. Weil sie ihre Partnerin lieben. Und ein Kind mit der Person zu haben, die sie wirklich lieben, ist doch das Allergrösste.

Am Ende spielt es gar keinen Tango, wem die Augen, die Nase oder das Lächeln Ihres Kindes gleichen. Die Menschenmasse in Monty Pythons «Life of Brian» bringt es auf den Punkt, wenn sie wie aus einem Munde schreit: «Wir sind alle völlig verschieden.»

18

Warum Kinder Teddybären lieben

Es regnete, die Sicht war schlecht und ich leicht benebelt. Caliente auf dem Helvetiaplatz. Ein gutes Dutzend gezielte Schüsse aus der Nahdistanz. Dann überreichte mir der Schausteller den schneeweissen Teddybären, um dessen Hals zwei rote I-Love-You-Herzen baumelten. Mit stolz geschwellter Brust schleppte ich die ausgestopfte Trophäe nach Hause.

Eine Geburt und ein knappes Jahr später begann der Bär zu leben. Fast wie der dauerbekiffte «Ted» aus dem gleichnamigen Kinofilm mit Mark Wahlberg. Wir tauften ihn Orso (italienisch für Bär) und er avancierte zum ersten festen Freund unserer kleinen

Tochter. Sie füttert ihn mit Waldbeeren-Konfitüre, die auch bei 120 Grad nicht aus dem weissen Fell zu waschen ist, fährt ihn im Kinder-Kinderwagen durch die Stadt spazieren, setzt ihn auf den Gagga-Topf, bringt ihn ins Bett, streicht ihm liebevoll über den Kopf, singt ihm vor und überhaupt muss er immer und überall dabei sein.

Warum fahren kleine Kinder so auf Teddybären ab? Und warum musste sie sich unbedingt diese Schiessbudenfigur Made in Hong Kong zum Freund nehmen statt dem edlen Teddy aus Hamleys Toy Shop, den ich ihr von einer Geschäftsreise aus London mitgebracht habe?

Apropos London. Der Teddybär ist ja eigentlich ein waschechter Ami. Im November 1902 wurde zu Ehren des damaligen US-Präsidenten und leidenschaftlichen Jägers Theodore (Teddy) Roosevelt eine Bärenjagd ausgerichtet. Doch die Jagd verlief erfolglos. Und so banden die Treiber einen jungen Braunbären an einem Baum fest, damit ihn der Präsident erschiessen konnte («Yes, I can»). Roosevelt jedoch weigerte sich, den Bären derart unsportlich zu erlegen. Tags darauf erschien in der Washington Post eine Karikatur, die das Ehepaar Michtom aus Brooklyn dazu inspirierte, einen kleinen Stoffbären in das Schaufenster ihres Geschäfts zu stellen: Teddys Bär. Der Rest ist Geschichte.

Heute drücken Kinder auf der ganzen Welt die Nachkommen des Ur-Teddys ganz fest an ihre Herzen, wenn sie traurig sind. Warum eigentlich? Donald Woods Winnicott (1896–1971), ein englischer Kinderarzt und Psychoanalytiker, behauptet, ein Kuscheltier oder ein anderes selbst gewähltes Objekt helfe dem Kind, der Welt ohne seine Eltern zu begegnen. Der Teddybär fungiert als Übergangsobjekt, wenn das Baby im Alter von ungefähr acht Monaten realisiert, dass es mit Mama und Papa keine Einheit bildet, sondern ein eigenständiges Individuum darstellt.

Ein Entwicklungsschritt, der von Angst, Hilflosigkeit und Einsamkeit begleitet wird. Der Teddybär übernimmt in dieser Übergangsphase die Rolle als Beschützer. Teddy ist das erste Wesen, das dem Kind anvertraut wird. Weshalb unser Orso auch entsprechend fürsorglich mit Konfitüre, Bolognese und Spinat gefüttert und danach zärtlich damit ganzkörpermassiert wird.

Nun, es muss ja nicht immer ein Teddybär sein. Vielleicht spielt es sogar eine tiefenpsychologische Rolle, was für ein Tier Ihr erstes Kuscheltier war: ein freier Vogel, eine falsche Schlange, ein treuer Hund, ein schlauer Fuchs, ein hässliches Entlein, ein störrischer Esel, ein wilder Stier, eine launische Katze, ein hochtrabendes Pferd oder doch der Kuschelbär?

Erinnern Sie sich noch daran, was für ein Tier Ihr Papa für Sie geschossen hat?

19

Bereit für die Vaterrolle? Die Checkliste

Sie sind bereit für die Vaterrolle, wenn Sie …

- mit weniger als vier Stunden Schlaf auskommen

- Störche sehen und ans Vögeln denken

- die Teletubbies auch ohne Alkohol lustig finden

- Pizza nicht mehr bestellen, sondern selber backen

- aufgehört haben, darüber nachzudenken, warum das Butterbrot auf die Butter und nicht auf das Brot fällt

- Brustvergrösserungen positiv gegenüberstehen

- beim Wort Frühschoppen an Milch denken

- Bugaboo, TFK, Balmoral und Teutonia nicht für Hanfsorten halten

- beim Autokauf auf die Grösse des Kofferraums achten

- bei der World-Vision-Patenkind-Werbung nicht wegzappen

- mehr als ein alkoholfreies Bier kennen

- vergilbte Fotos von Ihrem ersten Schultag einscannen

- diese Bilder auf Facebook und Twitter teilen

- Petitionen der CVP unterschreiben

- mit Ihren Schwiegereltern in die Toscana-Ferien fahren und trotzdem Spass haben

- beim Wort Ring an Heirat statt an ein Verhütungsmittel denken

- die patschnasse Katze der Nachbarin nicht mehr von Ihrem weissen Ledersofa verscheuchen

- mit Ihrem Citybike samt Gepäckträger bei Rot anhalten

- im Wald statt Psylos Marroni sammeln

- die Schachtel mit der Pille im Badezimmerschrank am liebsten mit einer Packung Smarties austauschen würden

- nicht mehr alles besser wissen als Ihr eigener Vater

- froh sind, dass er Ihre alte Carrera-Bahn behalten hat

- sich über die heutige Jugend aufregen

- die Suchkriterien bei Homegate auf Seebach und die umliegenden Weiler erweitert haben

- auf dem Weg zur Arbeit Lieder aus der Jungwacht trällern

- an Weihnachten eine echte Tanne kaufen

- im Keller eine Kettensäge haben

- Blumen am Wegrand beim Namen nennen können

- «cheibe Tubeli» statt «huere Arschloch» sagen

- in der Kirche vorne sitzen und mitsingen

- bügelfreie Hemden tragen

- zu Hause mit Trainerhosen rumlaufen

- die Namen der sieben Zwerge schneller aufsagen können als die der Bundesräte

- im Tram fremde Kinder anlächeln

- eine wasserdichte Schutzhülle für Ihr iPhone gekauft haben

- Stage 3 of Being a Man erreicht haben (Stage 1: You believe in Santa Claus, Stage 2: You don't believe in Santa Claus, Stage 3: You are Santa Claus)

- diese Liste gelesen haben

- diese Liste mit einem Kommentar erweitern können

20

Lebensmittel wegwerfen ist nicht dumm

Ich war berühmt dafür, dass ich mein Essen geteilt habe. Auf Facebook. In den letzten Jahren entstand eine Gourmet-Galerie, die jedem Ernährungsberater die Nackenhaare aufstellt: Jumbo-Jumbo-Cordon-Bleus, Döner-Pizzen, Spaghetti-Pläusche, Raclette-Orgien, argentinische Steaks, bevorzugt das 1,5 kg Entrecôte am Stück vom Grill. Blutig, saftig, deftig. I like.

Respektive unlike. Denn, okay, ich gebe es zu, ich bin auf Diät. Fertig Pizza. Basta Pasta. Ich gebe mir

Saures, statt Süsses. Im Moment vor allem Wasser, Milch, Eier, Thon, Pouletsalat, Cashew-Nüsse, Soja-Flocken, Bündnerfleisch und – ich schäme mich fast ein bisschen – viel gedämpftes Gemüse. I love Broccoli. Autsch. Seit drei Monaten zudem konsequent maschinell gewürzt mit zweimal Kieser Training die Woche. Aua.

Wie man diesen Plan nennt, weiss ich nicht. Es geht weniger um Low-Carb, Atkins, Hollywood-Star-Diät oder Metabolic, sondern um gesunden Menschenverstand. Mit Betonung auf gesund. Ein grosses Wort. Und eines, das unmännlicher nicht sein könnte.

Mir war lange nicht bewusst, wie stark sich die maskulinen Imperative nach Herb Goldberg, unlängst hier im Mamablog dokumentiert, auch in meinem Unterbewusstsein eingenistet hatten. Kurze Repetition der hier relevanten Prämissen:

- Je weniger Schlaf ich benötige,

- je mehr Schmerzen ich ertragen kann,

- je mehr Alkohol ich vertrage,

- je weniger ich mich darum kümmere, was ich esse,

- je weniger ich auf meinen Körper achte,

• desto männlicher bin ich.

So dachte ich auch. Fasten ist was für Mädchen. Quark, Koks und Zuckerwatte. Damit sie Models werden. Wunsch-Kaiserschnitt im achten Monat, damit sie es bleiben. Frauen fasten, Männer fressen. Falls zu Hause beim Essen etwas übrig bleibt, Papa isst es auf. Wie oft haben Sie den Teller Ihrer Partnerin im Restaurant aufgegessen, damit sie nichts stehen lassen muss? Hier offenbaren sich tief in die Hirnrinde eingeritzte Gesetze der Mannwerdung.

Gabicce Mare. Mit Wehmut erinnere ich mich an die ersten Ferien in Italien am Meer. An die leuchtenden Augen der Küchenchefin von der Pensione Fulvia, als mein kleiner Bruder und ich auch den dritten Teller Pasta weggeputzt hatten. Und an den stolzen Papa, als er uns mit 1000 Lire für die Sala Giochi geködert hat, Seppia zu essen. Che bimbi bravi!

Brav aufessen – die vielleicht dümmste Erziehungsmassnahme seit der Nachkriegszeit. Sie trägt mindestens so grosse Schuld wie McDonald's und Burger King daran, dass die Menschen heute stärker zu Adipositas neigen denn je.

Kulturell bedingt essen Gäste auf, was Ihnen serviert wird, um zu zeigen, dass es ihnen geschmeckt hat. Aufessen scheint eine Höflichkeitsform zu sein.

Es werden wahrscheinlich mehr abverreckte Menüs aufgegessen, als uns die Statistiken über den dekadenten Umgang mit dem Essen weismachen wollen.

Das Bundesamt für Landwirtschaft BLW und die Direktion für Entwicklung und Zusammenarbeit DEZA organisieren unter dem Patronat des schweizerischen FAO-Komitees eine Veranstaltung zum Welternährungstag 2012. Motto: «Lebensmittel wegwerfen. Das ist dumm.» Schätzungen zufolge werden in der Schweiz entlang der gesamten Lebensmittelkette pro Jahr und Kopf 289 Kilogramm Esswaren weggeworfen, ein Drittel davon direkt von den Konsumentinnen und Konsumenten.

Wieder einmal wird daran appelliert, wie viele Menschen wir im armen Afrika mit all den weggeworfenen Cheeseburgern ernähren könnten. Ein Vier-Personen-Haushalt gebe jährlich rund 2000 Franken für Lebensmittel aus, die in der Mülltonne enden. Die Studie setzt ein Ausrufezeichen.

Müssen wir wirklich ein schlechtes Gewissen haben, und ist es allen Ernstes unanständig, vom Zürcher Geschnetzelten die Hälfte zurückzugeben? Oder werden die Restaurants infolgedessen die Portionen kleiner machen? Werden dadurch weniger Lebensmittel importiert? Und der Lastwagen-Verkehr gedrosselt? Können wir uns am Ende eine zweite Gotthard-Röhre sparen? Und dafür staatliche, für Eltern kostenlose Kitas finanzieren? Oder die Emmentaler-Überproduktion mit der Rega in Katastrophengebiete schicken?

So oder so. Bringen Sie Ihren Sprösslingen bei, dass der Teller halbleer und nicht halbvoll ist.

21

Pampers statt Panzer

Er richtete den Lauf seines Gewehrs auf den fremden Mann, der plötzlich vor ihm stand. Es war Krieg. Es war Angst. Es war die Hölle. Der Mann hielt die Hände in die Höhe und redete mit tränenerstickter Stimme auf ihn ein. Er verstand kein Wort. Sein Herz schlug bis zum Hals. Die Hand am Abzug zitterte. Als der Mann in seinen Mantel griff, schrie er ihn an. Immer lauter. Nein! Nein! Nein! Und dann drückte er ab. Ratatatata.

In der Tasche fand er ein Foto, das den Mann im Garten vor einem kleinen Haus zeigte. Neben ihm stand eine junge Frau. Sie lächelte und trug ein kleines Kind auf dem Arm.

Der Schütze war mein Urgrossvater, Italiener, und kämpfte im Ersten Weltkrieg im Südtirol gegen die Österreicher. Seine Wehrpflicht hatte er erfüllt. Wie oft er sich wünschte, er hätte es nicht getan, weiss ich nicht mehr.

Vielleicht haben die SVP und das Gros von FDP, CVP, GLP und BDP letzten Dezember bei der Diskussion um die Abschaffung der Wehrpflicht vergessen, was es wirklich heisst, Militärdienst zu leisten, wenn es bis zum Äussersten geht. Denn dafür wollen sie uns Männer weiterhin ausbilden. Unfreiwillig. Mehr als drei Monate lang. Und dann schön regelmässig bis wir 34 sind. Damit wir nicht vergessen, wie das Töten geht.

So viel Geld und Leid muss sein, damit neben dem Matterhorn auch in Zukunft ein rotes Tuch mit weissem Kreuz hängt. Und nicht etwa ein blaues mit goldenen Sternen. Sind Gripen, Stinger, Panzer und Handgranaten wirklich die geeigneten Mittel dafür?

Sollen sich junge Väter für unser Land opfern? Oder soll sich unser Land für junge Väter opfern?

Warum statt 262 Tage lang Krieg den jungen Männern in der Schweiz nicht die Vaterschaft beibringen? Und sie im Ernstfall für ein paar Wochen an die Papafront schicken? Die Aussicht auf einen

Vaterschaftsurlaub im Umfang der Rekrutenschule könnte einen Babyboom auslösen, der unser Heer an Schweizerinnen und Schweizern massiv vergrössert. Die Wiederholungskurse noch gar nicht eingerechnet. Wir hätten endlich eine echte Milizarmee, inklusive Frauen, wie die Israelis. Das Einwanderungsproblem wäre gelöst. Wir könnten langfristig gar eine Gegenmacht zu den Chinesen bilden, die zwar bald auf dem Mond gebackene Enten essen, aber nur ein Kind pro Familie produzieren.

Auch die Materialbeschaffung käme uns Steuerzahler günstiger: Pampers statt Panzer (3 für 2 im Coop), Puppen statt Patronen, Schoppen statt Stinger, Nuschelis statt Nuklearwaffen, Buggies statt Bomben, Laufgitter statt Langstreckenraketen. Ueli Maurer, Vater von sechs Kindern, könnte aus dem Vollen schöpfen. Und sich auf eine einvernehmliche Talk-Sendung mit Panzerfahrer Roger Schawinski freuen.

Kampfflugzeuge und Bankgeheimnisse machen die Schweiz weder grösser noch stärker. Was uns echte Grösse verleiht, sind möglichst viele Menschen, die einander Grüezi sagen, miteinander Röteli trinken und wissen, wie man Fondue kocht.

Wir werden nicht untergehen, solange es uns gibt. Und genau das ist das Problem. Gemäss Kinderarzt Remo H. Largo fehlen der Schweiz 1,1 Millionen

Kinder, um die Bevölkerung stabil zu halten. Vielleicht helfen der Gripen und die allgemeine Wehrpflicht der leicht überalterten SVP und ihren Anverwandten die nächsten paar Jahre über die Runden. Und dann?

Wir brauchen keine Wehrpflicht, sondern junge Männer, die gewillt sind, ihre gottgegebene Kanone in einem kinderliebenden, familiären Schweizer Umfeld abzufeuern. Ohne Platzpatronen. Freiwillig. Mehrmals. Ratatatata. Denn was ist ein Vaterland ohne Väter?

22

Die Verblödung des Mannes

Zum Glück bin ich dümmer als meine Frau. Und sechs Jahre älter als sie. Damit fallen wir gemäss Forscher Nguyen Vi Cao von der Fachhochschule für Wirtschaft in Genf in die Liste der Paare mit der mathematisch tiefsten Trennungswahrscheinlichkeit. 1074 Paare aus der Schweiz haben die Genfer Wissenschaftler um Nguyen Vi Cao untersucht und folgende Glücksformel ermittelt: Beide sind Schweizer und haben keine früheren Scheidungen hinter sich, er ist mindestens fünf Jahre älter als sie und sie ist gebildeter als er.

Das heisst doch nichts anderes, als dass die

Scheidungsquote bald sinken dürfte. Endlich. Ehefreude herrscht. Denn die Frauen in unserem Land werden immer klüger. Die Männer immer dümmer. Und die Ausländer immer weniger.

Gemäss Präsidialamt der Stadt Zürich sind an der Universität Zürich derzeit mehr Frauen eingeschrieben als Männer. Mädchen besuchen zudem häufiger das Sekundarschulniveau A (51,8 Pozent) sowie das Gymnasium (56 Pozent). Sowohl beim altsprachlichen (53,2 Pozent), neusprachlichen (53,3 Pozent) als auch beim musischen Profil (77 Pozent) liegen die Mädchen vorn. Und es ist wohl eine Frage der Zeit, bis sie auch beim mathematisch-naturwissenschaftlichen (37,6 Pozent) und wirtschaftlich-rechtlichen Profil (40 Pozent) die Mehrheit stellen. Die kommende Generation Frauen wird um Längen besser ausgebildet sein als jede zuvor.

Ganz im Gegensatz zu den Männern. Hier stellen sich die bangen Fragen: Warum absolvieren Knaben vermehrt die Sekundarstufe B und immer seltener das Gymnasium? Sind unsere jungen Männer faul geworden? Haben sie ein Wodka-Red-Bull-Problem? Schlagen sie deshalb immer schneller zu, anstatt sich mit Worten zu wehren? Aus lauter Dummheit? Wo stinkt der Fisch? In den Schulen, an denen kaum mehr Männer unterrichten? Woran liegts, dass das starke Geschlecht in Sachen Bildung schwächelt?

Etwa am Ausländeranteil? Kaum. An der Volksschule in der Stadt Zürich lag er 2011 bei 28.6 Prozent. Und der Wert befindet sich neuerdings im Sinkflug. Gemäss der Zeitung «Der Sonntag» sank die Zahl der Einbürgerungen 2012 gegenüber dem Vorjahr um fast zehn Prozent auf 33'456, wie neue Daten des Bundesamts für Migration (BFM) zeigen. Das ist der tiefste Wert seit über zehn Jahren. Insgesamt ist die Zahl der Zuwanderer in die Schweiz im letzten Jahr um knapp drei Prozent gesunken.

Das alles wird Papst Benedikt XVI. mit Freude erfüllen. Falls Nguyen Vi Cao mit seiner Eheglücksformel richtig liegt, die Frauen in den nächsten Jahren tatsächlich immer klüger, die Männer immer dümmer und die Ausländer immer weniger werden, dürfte die Trennungswahrscheinlichkeit in der Schweiz bald rapide sinken. Die Voraussetzungen dafür waren nie besser.

Also Männer, sucht euch eine jüngere Frau.

23

Wie wird Mann eigentlich schwanger?

Komm Baby, gibs mir! Essenz der Adoleszenz. Schön wars. Doch irgendwann, bei den meisten Männern so Mitte dreissig, erhält das Wort Baby im Zusammenhang mit Frauen eine völlig neue Dimension. Aus dem Kosenamen erwächst ein Wunsch: Ich bin bereit für ein Kind.

Das Game-Over-Klischee, wonach Frauen Männer mittels Heirat und Kind domestizieren und an sich binden, hat sich, zumindest in meinem Umfeld, nicht bewahrheitet. Die Mehrheit der

Männer meldete den Kinderwunsch vor ihren Partnerinnen an. Und übernahm davor (oder danach) auch bei der Einschiffung in den Hafen der Ehe die Initiative. Mit einem klassischen Heiratsantrag. «Wotsch mini Frau wärdä?» Ja! Es scheint, das Zepter bei der Familiengründung liege noch immer ganz in Männerhand. Mann nimmt Frau. Hello Homo neanderthalensis: Uh, huh, ah, ha.

Ist der Wunsch nach Replikation beim Weibchen aber erst einmal geweckt, übernimmt sie beim Zeugungsprogramm die Federführung. Warum? Weil im Gegensatz zum weiblichen Geschlecht nur Gynäkologen und gewiefte Single-Männer von Eisprüngen gleich viel Ahnung haben wie von Seitensprüngen.

Kaum ist die Jagdlust fürs Erste gestillt, stellt sich deshalb die bange Frage: Wie stellt Mann es an, dass die Auserwählte schwanger wird? Ähm, ja. Ich hatte, ehrlich gesagt, keinen blassen Schimmer. Meine Kombinationsgabe reichte, um rot gefärbte Tampons mit launischem Widerspruch in Zusammenhang zu bringen. Von fruchtbaren Tagen jedoch hatte ich damals vor drei Jahren furchtbar wenig Ahnung.

Ich dachte, wir werfen halt einfach die restlichen Pariser in die Seine, schicken die 72 Millionen Anti-Baby-Pillen zurück zu Vasella und machen wieder so oft Sex wie vor der Hochzeit. Dann wirds schon klappen. Wie von alleine. Frei nach dem Motto: Seit heute Mittwoch wird scharf geschossen.

Weit gefehlt. Sobald die schönste Sache der Welt dem vorhergesehenen Zweck dient, wirds kompliziert. Einfach rein und raus, denkste. Diese Abenteuergeschichte hat nicht nur einen Akt. Aber zum Glück hat sich die werdende Mutter im Gegensatz zum Vater in spe bereits umfassend bei der eigenen Mutti, den schwangeren Kolleginnen, der Gynäkologin und im Mamablog informiert. Deshalb hat sie schon drei Monate vor der Zeugung begonnen, Pillen mit Folsäure zu schlucken um einer Spina bifida vorzubeugen.

Und dann, endlich, ist Manneskraft gefragt. Bis dato waren alles nur Probeschüsse. Jetzt zählts. Die Frage ist nur, wann. Mathematisch-naturwissenschaftlich begabte Paare berechnen den Eisprung jeden Morgen mittels Basaltemperatur, ökologisch-alternativ-biologisch veranlagte Paare ziehen sich Mönchspfeffer und hochdosiertes Zink rein, Esoteriker gehen zur astrologischen Schwangerschaftsberatung, Gläubige in die Kirche und ein paar rufen Mike Shiva an oder Chuck Norris.

Mein Tipp: Nicht verrückt machen lassen und die kostenlose App «Maybe Baby» aufs iPhone laden. Die funktioniert wie eine Verkehrsampel. Man gibt ein, wann die letzte Periode der Partnerin ihren Anfang nahm und wie viele Tage ihr Zyklus in der Regel dauert. Danach jeweils morgens die App aufrufen und checken, ob die Ampel auf rot steht oder auf grün.

Die Ampel zeigt vier Tage vor und drei Tage nach dem errechneten Eisprung auf grün. Das heisst: acht Tage Sex hintereinander. Komm, Baby! In den vier Tagen vor dem Eisprung steht die Chance auf die Zeugung eines Mädchens statistisch höher, in den drei Tagen danach auf einen Jungen. Viel Glück!

24

Interview mit einem ungeborenen Kind

Mütter, Väter, Politiker und Dutzende von Besserwissern schrien in den letzten Monaten ihre Vorstellungen von Familie in den Blätterwald. Dem Mamablog ist es gelungen, jemandem eine Stimme zu geben, der alles, was wir familienpolitisch verbrechen, vor sich hat. Wir präsentieren das weltexklusiv erste Interview mit einem ungeborenen Baby.

Sie wurden letzten Sommer gezeugt. Ihre Eltern erwarten Ihren Eintritt in die Erdatmosphäre Ende März. Man weiss wenig bis nichts von Ihnen. Baby, wer sind Sie?

Ich bin noch ein Kind (kichert). Wahrscheinlich müssen Sie die Frage meinen Eltern stellen. Sie bestimmen, was aus mir wird. Gene und Erziehung. Im Moment kann ich tun und lassen, was ich will. Obwohl es langsam eng wird hier drin. Ich fühle mich frei. Und ich stehe auf Eisen, Zink, Folsäure und klassische Musik.

Aus was für einem Milieu stammen Sie?

Aus ganz einfachen Verhältnissen. Ich war ein Eukaryot. Ich bin eine Kämpfernatur, musste mich zu Beginn gegen Millionen anderer Spermien durchsetzen. Meine linke und rechte Gehirnhälfte bilden sich gerade erst aus, bin also politisch neutral. Aber wenn ich so höre, was draussen geschwafelt wird, wünsche ich mir mehr jüngere Stimmen. Es scheint, als ob die Welt da draussen von Alten dominiert wird und wir ganz Jungen nicht wirklich erwünscht sind. Von meiner Familie mal abgesehen.

Sie mussten in den letzten Monaten diverse Tests und Untersuchungen über sich ergehen lassen.

Das stimmt. Und das nervt. Vor allem der Ultraschall.

Manchmal habe ich das Gefühl, die trauen mir nicht zu, dass ich das schon alles richtig mache.

Ihre Mutter arbeitet im Moment noch. Stört Sie das?

Kann ich so nicht sagen. Ich finde das spannend. Die Aussicht hier ist einigermassen eingeschränkt, ich kriege aber jede Bewegung und vor allem akustisch alles mit. Meine Mutter spricht ja die ganze Zeit nur über mich. Es tut gut, mal was anderes von der Welt mitzukriegen.

Ihre Mutter ist eine Frau. Haben Sie sich schon gewünscht, Sie würden im Bauch ihres Vaters liegen?

Ja und nein. Meine Mutter sagt zwar immer, ich hätte da auch Platz. Aber ich stehe mehr auf Obst und mein Papa hat es mehr mit dem Bier. Aber wäre schon interessant, auch mal in sein Inneres zu sehen. Ich freue mich riesig, ihn kennenzulernen. Hoffentlich ist er dann auch häufiger da als jetzt. Ich glaube zwar schon, dass ein Kind in ihm steckt. Aber es wird unterdrückt. Von der Firma, bei der er arbeitet. Und machmal auch von meiner Mutter.

Sie stehen schon jetzt als ungeborenes Kind im Mittelpunkt des Interesses und werden in Kürze auf die Weltbühne treten. Wie gehen Sie mit dem Druck um?

Das werden wir sehen, wenn die Presswehen einsetzen.

Aber im Mittelpunkt stehen Sie schon gern?

Ja, wer tut das nicht? Vieles dreht sich im Moment jedoch nur indirekt um mich. Mama weint viel, weil sie nicht weiss, ob sie für immer zu Hause bleiben oder auch noch arbeiten soll. Sie bekommt immer ein schlechtes Gewissen, wenn sie an sich selbst denkt. Aber das sollte sie nicht. Weil ich denke ja auch an mich und habe überhaupt kein schlechtes Gewissen! Papa ist da viel lockerer. Er hat gesagt, dass er sich viel Zeit für die Familie nehmen wird, auch wenn er arbeitet.

Das sagen doch alle Väter. Aber Teilzeit arbeiten dann tatsächlich nur die wenigsten. Die meisten fragen bei ihrem Arbeitgeber nicht einmal nach.

Ich hocke hier im Bauch meiner Mama fest. Was in Papa abgeht, weiss ich nicht. Ich glaube, die meisten seiner Kollegen wollen gar nicht Teilzeit arbeiten. Und die haben gute Ausreden parat. Aber mein Papa ist anders. Er hat es versprochen. Ich hoffe ganz fest, dass ich ihm auch genauso wichtig bin wie er mir.

Wenn Sie draussen sind, haben Sie Wünsche, was Sie unbedingt sehen möchten? Möchten Sie lieber in einer Stadt leben oder auf dem Land aufwachsen?

Mich nimmt schon wunder, wie das aussieht, was Muh macht. Und ich habe es gern, wenn ich viele Stimmen höre. Meine Mutter schüttet dann Unmengen Endorphin aus. Sie freut sich, wenn wir in die Stadt gehen und einkaufen. Dann sagen ihr die fremden Stimmen, wie gut sie mit dem und dem Kleid aussieht. Mir ist es egal, wo ich wohne. Am liebsten da, wo Mama und Papa sind und ganz viele andere Kinder so wie ich.

Haben Sie, zum Schluss, vielleicht noch einen Tipp an all die Eltern da draussen, die gerade schwanger sind?

Macht euch nicht so viele Sorgen. Ein Baby wie ich ist robuster, als ihr denkt. Und macht euch nicht verrückt wegen mir. Ich werde ein Teil eures Lebens sein. Und ihr ein Teil von meinem. Aber am Ende gehen wir alle unseren eigenen Weg. Ich freue mich auf Mama, Papa und auf alle, die mir helfen, meinen Weg zu finden.

25

Das liebe Geld

Er legte ihr einen Hunderter auf den Nachttisch. Obwohl er durchgeschlafen hatte. Wieder einmal. Sie schnellte um 2 Uhr nachts auf, machte das Sandmännchen für die Kleine und lullte sich danach mit der Einkaufsliste für morgen in den Schlaf. Blätzli, Spinat und Rösti. Und fast vergessen: den Entkalker. Vielleicht reicht das Sackgeld ja noch für einen Abstecher zu Starbucks. Oder Vögele Shoes.

Wie zum Geier haarsträubend ist es im Jahr 2013, wenn Männer ihren Frauen Sackgeld geben, weil sie Teilzeit oder gar nicht arbeiten (gilt auch umgekehrt)? Wie wird das Geld in der Familie aufgeteilt? In einem Zeitalter, in dem jedes

Babylächeln mit der ganzen Welt geteilt wird? Vielleicht helfen die aktuellen Ansätze aus Wirtschaft und Politik weiter.

DAS BONUS-MALUS-PRINZIP

Neben einem fixen Gehalt für die Hausarbeit, erhält sie beim Erreichen der vereinbarten Ziele einen Bonus. Ziele könnten saubere Fenster zum Frühlingsbeginn oder ein besonders wirtschaftliches Beschaffungswesen sein. Stichwort Windeln. Hier dürfen sich die Geister scheiden, wie hoch ein fairer Lohn für die Hausarbeit anzusetzen ist. Nach Anzahl Räumen, Kindern und Stunden? So viel wie eine Putzfrau und Kinderbetreuerin kosten würden? Oder hängt das davon ab, wie viel er verdient?

DIE ZYPERN-METHODE

Er lädt alles auf ein gemeinsames Konto. Sie besitzt zwar eine eigene Kreditkarte, kann aber nur einen bestimmten Betrag pro Tag beziehen. Die zypriotische Handhabung der Bankkonten kennt jeder Jugendliche, der noch am Tropf der Eltern hängt. Darf man den Partner wie ein pubertierendes Kind behandeln?

DIE 1:20-INITIATIVE

Egal, wie gut er verdient, er darf in einem ganzen

Jahr nicht mehr verdienen, als sie in einem Monat. Wenn er pro Jahr eine Million nach Hause bringt, kriegt sie 50'000. Klingt nach wenig. Bei verheirateten Paaren mit dem ordentlichen Güterstand Errungenschaftsbeteiligung gilt 1:1. Sie kriegt also eine Null mehr: 500'000. Hätte Anne-Laurence Vasella zehn Millionen verdient? Und ist es fair, dass sie jetzt darauf verzichten muss?

DAS OFFSHORE-KONSTRUKT

Er hat ein eigenes Lohnkonto. Sie hat ein eigenes Lohnkonto. Er hat ein eigenes Sparkonto. Sie hat ein eigenes Sparkonto. Sie haben zusammen ein Lohnkonto. Sie haben zusammen ein Sparkonto. Und sie haben ein Sparkonto für jedes Kind. Die Konten sind verteilt auf verschiedene Banken. Don't trust me. Jeder versteckt sein Geld vor dem anderen.

DIE SAUBERE LÖSUNG

Gesehen bei einem Ehepaar. Er arbeitet als Jurist. Setup: Verheiratet mit Errungenschaftsbeteiligung. Beide haben eigene Konten. Siehe Offshore-Prinzip. Jeder Ehepartner zahlt dem anderen Ende Monat die Hälfte seines Lohns. Wenn er 7000 verdient, zahlt er 3500 an sie. Wenn sie Teilzeit arbeitet und 3000 verdient, zahlt sie ihm 1500. Beide haben Ende Monat 5000 auf ihren Konti. Beide zahlen davon einen abgemachten Betrag, zum Beispiel 3000, auf das Gemeinschaftskonto ein. Auf dem Gemeinschaftskonto stehen damit pro Monat 6000 zur Verfügung für Miete, Essen, Auto, Steuern, Möbel, Kinder, Ferien und gemeinsame Anschaffungen. Jedem Ehepartner bleiben 2000 zur eigenen Verfügung. Bei einer Trennung muss niemand dem anderen etwas bezahlen. Denn genau nach diesem Schlüssel wird beim Ende einer Ehe abgerechnet. Klingt unromantisch. Ist aber recht so in der Schweiz.

26

Hänsel und Gaddafi

Kinder leben in ihrer eigenen Welt. Einer Welt voller Lügen. Einer heilen Scheinwelt, in der sich Füchse und Hasen gute Nacht sagen. Obwohl weder Füchse noch Hasen sprechen. Und obwohl die einen die anderen unerbittlich jagen, bis zum Tod. Wenn sie nicht vorher schon von einem Jäger abgeknallt, gehäutet und gegrillt wurden. Zwecks Regelung des Wildbestandes. Päng! Das ist die Wahrheit. Und da kommt kein Einhorn, kein Kung Fu Panda und nicht mal Sauron dazwischen.

Warum belügen wir unsere Kleinen derart hinterfotzig? Täuschen ihnen Osterhase und Weihnachtsmann vor? Erzählen ihnen, Babys kämen vom Babystern oder Storch geflogen? Warum erschaffen wir eine Matrix für unseren Nachwuchs? Was haben wir davon? Kontrollierte Energie? Ruhe vor ungeliebten Fragen? Oder ist das etwa Teil unserer (Lügen-)Kultur? Und wie genau profitieren die Kleinen davon?

Hand aufs Herz: Ist unsere Welt wirklich so schlecht, dass wir sie vor unseren Kindern verheimlichen müssen? Bis sie alt und stark genug sind, die Realität zu verkraften? Quizfrage: Wie bringt man einem Dreijährigen den altersbedingten Herzstillstand seiner heiss geliebten Wüstenspringmaus bei? Und wie einem Sechsjährigen? Oder anders gefragt: Bis zu welchem Alter kauft man einfach heimlich ein neues Mäuschen?

Klar, unsere Welt wird immer vielschichtiger und komplexer. Sie wird ja auch zunehmend von Frauen dominiert. Vielleicht ist es gar nicht so schlecht, wenn der Vater dem Kind die Welt erklärt. Und zwar nicht der biologische Vater, sondern der Übervater. Allah, Gott und Buddha haben prima Antworten parat für alle möglichen Fragen, bei denen Eltern nicht mehr weiterwissen. Aber nicht nur die Bibel strotzt vor einfachen und praktikablen Erklärungsmustern. Auch die Märchen der Gebrüder Grimm geben eine gute Quelle her. Beide Bücher spiegeln die Realität, indem sie nicht nur das Yin, sondern auch das Yang aufzeigen. Mir jedenfalls ist folgende Formel geblieben: «Wer einmal lügt, dem glaubt man nicht, und wenn er auch die Wahrheit spricht.»

Ich bin gespannt, was Sie Ihren Kindern erzählen, wenn die nächste Terrorbombe am Greifenseelauf gezündet wird. Oder im Kino Abaton. Was sagen Sie im Kindergarten, wenn ein Flugzeug in den Primetower fliegt? Und was, wenn sich Mami von Papi scheiden lassen will? Oder die kleine Schwester vom Lehrer vergewaltigt wurde? Ob da Kinderpsychologie, Religionen und Märchen weiterhelfen? Wohl kaum. Hier muss jeder seine eigene Antwort finden. Eltern genauso wie Kinder. Richtig und falsch gibt es nicht. Jeder lebt in seiner eigenen Wahrheit.

Vielleicht ist die neueste 170-Millionen-Dollar-Antwort aus Hollywood nicht die schlechteste. «Man of Steel» kommt am 13. Juni in die amerikanischen Kinos. Die Welt kann einen neuen Superman vertragen. Und solange es diese Märchen vom Guten gibt, ist es um das Böse wohl noch nicht so schlecht bestellt.

27

Die Teilzeit-Lüge

Geteiltes Leid ist halbes Leid, heisst es so schön. Schade, gilt das nicht für die Arbeitswelt. Zumindest nicht in Bezug auf die Arbeitszeit. Denn geteilte Zeit ist nicht halbe Zeit. Sondern Überzeit. Da hilft alles Schönreden nichts: Teilzeit-Arbeit bedeutet Mehraufwand. Weniger ist mehr. Mehr Organisation, mehr Kommunikation, mehr Administration. Und das nicht zu knapp.

Der Arbeitnehmer nimmts in Kauf, holt punkt 17 Uhr die Kinder in der Kita ab und verabschiedet sich am Donnerstag ins Wochenende. Der Arbeitgeber bezahlts. Weil er hofft, seine Mitarbeiter seien dank geteiltem Leid nun glücklicher, befreiter, motivierter und deshalb produktiver. Die 4-x-100-m-Staffel ist doch auch schneller als der schnellste 400-m-Läufer. Und weniger anfällig für ein Burn-out. Diese simple Rechnung müsste doch jedem Unternehmer einleuchten.

Aber die tun sich schwer damit. Eine Staffel aufbauen heisst vier Leuten das Gleiche beibringen statt nur einem. Heisst vier Trainingsanzüge kaufen statt nur einen. Heisst drei Übergänge perfekt einüben, statt keinen. Heisst arbeiten, statt das Handicap auf dem Golfplatz verbessern. Heisst nüchterne Arbeitsabläufe planen, statt spannende Bücher lesen. Was schade ist.

Denn fast täglich erscheinen neue Management-Bibeln, die flexible Arbeitsmodelle mit überglücklichen Teilzeit-Bienchen und hochproduktiven Heimarbeiter-Ameisen predigen. Warum bieten bei derart rosigen Aussichten auf Effizienz- und letztendlich auch Gewinnsteigerung nicht mehr Unternehmen Teilzeitstellen an? Ist Teilzeit am Ende gar keine Frage der Wirtschaftlichkeit, sondern der Unternehmenskultur? Oder der Politik?

Weder noch. Der Hund liegt in unserem eigenen Garten begraben. Wir sind Angsthasen oder haben gelogen. Der Dachverband der Schweizer Männer- und Väterorganisationen hat mehrere hundert

Männer bei der UBS befragt. 78 Prozent gaben an, konkret über Teilzeit nachzudenken. Klingt wie ein Witz. Aber diese hohen Werte bestätigen die Ergebnisse der repräsentativen Studie im Kanton St. Gallen aus dem Jahre 2011 sowie zweier Befragungen, die nach der Lancierung des Projekts «Der Teilzeitmann» durchgeführt wurden. Gemäss einer Umfrage der «Coopzeitung» befürworten 62 Prozent Teilzeitarbeit, bei den 30- bis 49-Jährigen ziehen gar 78 Prozent eine Teilzeitstelle vor.

Wie zum Teufel kann es sein, dass trotzdem nur einer von zehn Männern zugunsten der Familie beruflich kürzer tritt? Weil sie nicht wollen. Jedenfalls nicht wirklich. Wahrscheinlich würden sie sogar, wenn sie könnten. Aber sie können nicht. Weil sie zwar still und heimlich bei ein paar Bier darüber sinnieren, aber nie beim Arbeitgeber nachfragen.

Fragen kostet nichts. Ausser eine verdammt gute Vorbereitung. Clevere Arbeitnehmer mutieren in einem solchen Gespräch zum Arbeitgeber. Geben ist nun mal seliger denn Nehmen. Unternehmer schenken ungern einem Arbeitnehmer Gehör, der noch mehr (frei) nehmen will. Deshalb lohnt es sich, darüber nachzudenken, was Mann als Arbeitnehmer geben kann. Wie der Chef konkret von Teilzeitarbeit profitiert. Ich empfehle, eine Lösung gespickt mit schlagenden Argumenten für Steigerung von

Effizienz und Gewinn zu präsentieren. Und kein Problem. Denn Probleme haben Arbeitgeber genug. Ich weiss das, weil ich selbst Unternehmer bin. Und 80 Prozent arbeite.

28

Warum Frauen Männer optimieren

Ich will so bleiben wie ich bin. Du darfst. Der geniale Slogan traf und trifft den Nerv der Frau, wenn sie in den Spiegel blickt. Und dort eine Person entdeckt, die nicht ist, wie sie sein könnte. Abspecken, abschminken, abgewöhnen – Frauen sind hart und unbarmherzig zu sich selbst. Vernichtend in der Analyse, eisern in der Selbstdisziplin. Perfektionistinnen auf der Suche nach strahlendem Glanz und Gloria. Alles muss sitzen. Auch der Mann. Zumindest auf der Toilette.

Und da wären wir beim Thema. Auch Männer wollen bleiben, wie sie sind. Aber sie dürfen nicht.

Weil ihre Partnerinnen nicht leben (wir kommen später dazu) und leben lassen. Gilt vereinzelt auch umgekehrt. Doch wie eine kleine Feldumfrage in trunkener Männerrunde offenbart, sind es die Frauen, die ihre Männer im Laufe der Zweisamkeit eines immer Besseren belehren. Woher kommt dieser unbändige Drang der Frau, ihren Mann zu optimieren, zu perfektionieren und schliesslich zu dem Wesen zu formen, das sie endlich wieder lieben oder wie ein fertig gemaltes Bild in die Ahnengalerie hängen und mit dem Nächsten beginnen kann?

Erster Erklärungsversuch: naturwissenschaftlich. Nicht wenige Frauen beginnen, kaum sind die ersten Schmetterlinge aus dem Bauch ausgeflogen, an der Beziehung zu arbeiten. Unbewusst oder gezielt arbeiten sie darauf hin, die Schmetterlinge zu ersetzen. Mit einem Kind. Darwinistisch gesehen strebt die Frau an, den bestmöglichen Erzeuger und den bestmöglichen Vater zu finden. Wobei diese nicht zwingend identisch sein müssen. Schön, schlank, sportlich, gross, witzig und treu soll er sein. Wer schon mal eine Dating-Show gesehen hat, müsste das eigentlich wissen. Eigenschaften, die davon abweichen, werden je länger, je inbrünstiger bekämpft. Liegt es also in der Natur der Frau und Mutter, den Erzeuger, Ernährer, Beschützer, Toy

Boy oder was auch immer auf ihre Bedürfnisse auszurichten?

Zweiter Erklärungsversuch: machiavellistisch. Die Beziehung wird als Machtkampf verstanden. Einen, den es zu gewinnen gilt. Jede Partnerschaft ist auch ein Annäherungsversuch. Die Frage ist, wer sich wem annähert. Im Idealfall gestaltet sich dieser Prozess als ein Geben und Nehmen. Wobei nur allzu viele Frauen in nur allzu guter Absicht darunter verstehen, ihm ihre eigenen guten Charaktereigenschaften zu geben und ihm die seinen schlechten zu nehmen. Eine Rechnung, die aus heutiger gesellschaftspolitischer Sicht, darüber scheint Konsens zu herrschen, zugunsten der Frau ausfällt. Typisch männliche Züge (Sandwich her oder eins in die Fresse) sind verpönt und werden bereits in der Schule von meist weiblichen Lehrerinnen und Erzieherinnen abgeklemmt. Der Mann als Rohdiamant, der geschliffen werden muss. Geht es der Frau beim Optimieren um die Vorherrschaft in der Beziehung? Ein Ring, ihn zu knechten?

Dritter Erklärungsversuch: Drang zur Nivellierung. Im Geschäft oder im Verein schön zu beobachten. Im Gegensatz zu Männern verstehen Frauen in irgendwelcher Art herausragende Kollegen und vor allem Kolleginnen nicht als Bereicherung, sondern als Bedrohung. Viele Frauen achten (und meinen tatsächlich, sie tun es der Gerechtigkeit wegen) pedantisch darauf, dass für alle das Gleiche gilt und niemand bevorzugt wird. Und da Bevorzugung auf Herausragendem gründet, muss Herausragendes bekämpft werden. So auch beim Partner. Die Ecken und Kanten, die sie anfangs so an ihm liebte, wandeln sich später – spätestens nach dem ersten Kind – zu Ecken und Kanten, an denen sie sich stösst. Also abschleifen. Oder Gummi drauf. Optimieren die Frauen ihre Partner weil sie um das Gleichgewicht ihrer Beziehungen fürchten?

Vierter Erklärungsversuch: Er will es so. Manche Frau fühlt sich grundsätzlich als Mutter. Sie versteht die Phase der Verliebtheit als Schwangerschaft und geht nach (oft sogar weniger als) neun Monaten dazu über, ihn wie ein Kind zu behandeln. Ihr Sätze beginnen nicht mehr mit «Du bist so,», sondern mit «Warum musst du?» oder «Hast du schon?». Dabei glaubt sie fest an seine Einsicht und dass er sie für immer und ewig dafür lieben wird, wenn sie aus ihm den Übermenschen macht. Und vielleicht tun das einige Männer auch. Nur kenne ich keinen. Optimieren die Frauen ihre Partner, weil diese es nicht anders wollen?

Natürlich optimieren auch Männer ihre Frauen. Oberflächlicher, mag sein, jedoch nicht minder liebevoll. Sie schenken ihren im Sturm eroberten

Damen Parfüm, Blumen, das kleine Schwarze, Silikon, Diamanten (bereits geschliffen) und Komplimente. Unendlich viele Komplimente, die auch wirken, wenn sie gelogen sind. Viele Männer halten über lange Zeit an der Bewunderung ihrer Prinzessin fest und lassen die Perfektionierung, die meist einhergeht mit dem schmerzvollen Verzicht von Liebgewonnenem, über sich ergehen. Sei es, um ihren Erwartungen zu entsprechen und meist viel zu hohen Ansprüchen zu genügen oder weil sie einfach an das Märchen der ewigen Liebe glauben wollen.

Wie erklären Sie sich den weiblichen Drang, ihren Fels in der Brandung derart abzuschleifen, bis die Brandung über ihn hereinbricht?

29

Vom Onepack zum Sixpack

Eigentlich wollte ich erst in ein paar Wochen, okay, vielleicht doch eher in ein paar Monaten darüber schreiben. Wenn sich meine mittlerweile ansehnlich abgeflachte Wampe in einen stahlharten Schildkrötenpanzer verwandelt hat. Wenn ich bei der nächsten Sitzung auf den Tisch haue und er in zwei Stücke bricht. Weil meine Oberarme so dick sind wie früher meine Oberschenkel. Wenn mein T-Shirt reisst, sobald ich im Tram aufstehe und mir alle Damen ab 60 mit flehenden Blicken ihren Sitzplatz anbieten.

Aber so weit ist es nicht. Noch nicht. Ganz und

gar nicht. Es ist ein lauer Sommerabend und aus dem Kühlschrank ruft ein kühles Bier meinen Namen, schreit eine Tafel Schokolade danach, von mir aufgerissen zu werden. Ich spüre den schweren Atem von Werner Kieser im Nacken, seine Faust zur Drohgebärde geballt. Nein, du Hund, tu es nicht! Und kläglich winsle ich zurück ans MacBook Air und erzähle heute vom Kampf um Kraft.

Angefangen hat es mit dem Alter. Mit einem Gebrechen kurz vor vierzig. Ich konnte keinen einzigen Harass mehr stemmen ohne Hexenschuss. Grauenhaft. Du liegst am Boden, krümmst dich vor Schmerz und wünschst dir, du hättest das Soda-Club-Set gekauft, mit dem dir deine Frau wochenlang in den Ohren lag.

Ein Chiropraktiker und ein Stehpult später begann ich mit dem Eisen. Bei Kieser Training. Zweimal 30 Minuten pro Woche, so viel Werbung sei erlaubt. Ultrabrutales an der Therapiemaschine für den Rücken. Und weil ich grad da war, liess ich mich in die Foltermethoden für Bizeps, Trizeps, Beine, Po, Brust und weiss der Schwarzenegger-Geier wofür einweihen.

Mit Skepsis verifizierte ich die Anweisungen im Internet, las bei «Men's Health» plötzlich Artikel, die ich immer belächelte, studierte doofe, selbst verherrlichende Bodybuilding-Seiten und sah mir am

Ende mit einem gewissen Vergnügen «Pumping Iron» an, einen Dokumentarfilm von 1977 über den mehrfachen Mister Olympia Arnold Schwarzenegger. Der Bodybuilding-Kultfilm schlechthin. Voll vintage. Bin gespannt, wann die Hipster-Szene den entdeckt.

So weit, so gut. Aber es geht noch weiter. Mit einem ganz anderen Thema. Denn Liegestützen, Kniebeugen, Klimmzüge und Crunches machen im Kampf gegen den Schwimmgürtel nur die Hälfte. Es zählt, was auf den Tisch kommt. Eiweiss muss rein. Schluss mit Zucker. Ich teile seither mit grossem Enthusiasmus und zur Belustigung unserer Belegschaft die Gourmetfreuden von Dieter Meier: Salat, Bündnerfleisch und Eier. Mit Aromat. Jeden Mittag.

In den ersten drei Monaten liess ich, irgendeinem Internettest über den Ernährungstypus blind gehorchend, folgende fünf Lebensmittel aus und nahm 10 Kilo ab: Pasta, Pizza, Reis, Kartoffeln, Brot. Ermutigender Tipp am Rande: Wenn Alkohol sein muss, was vorkommt, dann strikt beim Bier bleiben. Hat für mich funktioniert. Rezepte für Kraftübungen und Ernährung will ich nicht weiter vertiefen. Experten sind aufgerufen, sich in den Kommentaren auszutoben.

Viel spannender dürfte wohl sein, was Männer

dazu treibt zu pumpen. Ist es die gleiche Motivation, die Frauen unters Messer treibt? Der Drang nach Schönheit? Vollkommenheit? Oder einfach pure Eitelkeit? Und was ist eigentlich brutaler? Silikonoperation oder zwei Jahre Hanteln stemmen? Und ab wann ist genug? Wo liegt die Grenze zwischen Adonis und Muskelprotz?

Klar, ein Wohlstandsbäuchlein kann man auch schönreden. Aber schliessen Muskeln innere Werte aus? Falls Sie in einem ähnlichem Alter sind wie ich, haben Sie es gut. Sagen Sie einfach, Sie hätten die Midlife-Crisis. Und legen bei der nächsten Übung nochmals 5 Prozent mehr Gewicht drauf. Yeaaah!

30

Ja und Amen: 7 gute Gründe, eine Frau zu heiraten

Wenn man den jüngsten Berichten der Soziologen Glauben schenkt, befindet sich die Zahl der heiratswilligen Männer im Sinkflug. Höchste Zeit, Gegensteuer zu geben. Bevor sie abstürzen. In der frisch-fröhlich-freien Einsamkeit. Mal ehrlich: Wer will schon jedes Wochenende im gemieteten 911er mit einer heroinsüchtigen Ungarin zwischen den Beinen in einer Sexbox aufwachen, den Kopf verprügelt von Freunden, die allesamt Flaschen sind?

Liebe Männer, es wird Zeit aufzuwachen. Neben

einer Frau, die uns Frühstück ans Bett bringt, unsere Hemden bügelt, uns Kinder schenkt, uns zum Abendessen mit einem Kuss empfängt, einem Cordon bleu und unserem Lieblingsbier. Nicht weil sie das besonders gerne tut. Sondern weil sie es trotzdem tut. Denn sie liebt uns. Zuerst so, wie wir sind. Und dann so, wie wir sein könnten: ein besserer Mensch. Ist es nicht das, was wir am Ende sein wollen? Besser. Gesünder. Stärker. Schöner. Reicher. Mächtiger. Erfolgreicher.

Es gibt sie noch, diese Frauen, die in herumstreunenden, einsamen Wölfen den kraftstrotzenden Tiger wecken, der pro Tag zwei Antilopen statt nur einer zu Tode jagt. Damit es auch für das Weibchen und die Kleinen reicht. Okay, ich war am Wochenende, bevor ich diesen Blog geschrieben habe, mit der Familie im Zoo statt an der Streetparade. Obwohl wir dort vermutlich mehr exotische Affen gesehen hätten.

Und Tiger-Weibchen. Sie sind überall. Mann muss nur genau hinschauen. Und fragen: «Willst du meine Frau werden?» Die Quote für die richtige Antwort kenne ich nicht. Aber ich wette, sie liegt über 99 Prozent. Die Chancen auf ein besseres Leben stehen gut. Wobei besser nicht subjektiv ist. Ich bringe Fakten. Und davon abgeleitet sieben Gründe, warum Mann eine Frau heiraten sollte:

1. HEIRATEN MACHT GESÜNDER

Verheiratete Menschen leben deutlich länger. Und leiden weniger an Depressionen. Das wollen die Ökonomen Andrew Oswald und Chris Wilson herausgefunden haben. Der Gesundheitsbonus des Heiratens lässt sich ihrer Meinung nach sogar mit dem Vorteil vergleichen, den Raucher verzeichnen, wenn sie der Zigarette abschwören. In der Schweiz sieht das so aus: 90 Prozent der verheirateten 30-jährigen Männer werden 65 Jahre und älter. Nur drei von vier Ledigen erreichen diese Altersschwelle.

2. HEIRATEN MACHT STÄRKER

Mann muss mehr Gewicht stemmen. Denn nach einem Jahr Ehe wiegt die Ehefrau rund vier Kilo mehr. Zu diesem Ergebnis kommt eine US-Studie, die kürzlich in der Zeitschrift «Health Psychology» veröffentlicht wurde. Die Studie begleitete und befragte während vier Jahren 169 frisch verheiratete Paare. Laut Studienleiterin Andrea Meltzer nehmen Frauen in der Ehe eine Gewichtszunahme in Kauf. Der Stress der Partnerjagd fällt weg. Und damit die Motivation, sich in guter Figur zu präsentieren. Schuld sind auch wir Männer. Denn 75 Prozent der Frauen kochen nach der Heirat, was der Tiger mag. Fettiges Essen und viel Fleisch. Diese deftige Kost schlägt den Weibchen auf die Hüfte. Sie benötigen im Schnitt 600 Kalorien pro Tag weniger als ein Mann.

3. HEIRATEN MACHT SCHÖNER

Vermutlich gibt es auch dazu eine ganze Reihe von US-Studien. Ich erlaube mir deshalb, eine persönliche Erfahrung ins Feld zu führen, die ich an einer Reihe von Hochzeiten bestätigen konnte. Der Schlüsselmoment einer Hochzeit liegt aus meiner Sicht nicht im Austausch der Ringe. Und auch nicht im vielbeklatschten Kuss danach. Sondern im Auftritt der Braut ganz am Anfang. Während sich alle umdrehen, um einen Blick auf die in Weiss gehüllte Frau zu erhaschen, die stolz nach vorne trabt wie ein Schimmel, verharre ich auf dem Bräutigam. Der ganz allein da vorne steht. Taa-taa-ta-taaa. In keinem anderen Gesicht ist an einer Trauung so viel Glück und Schönheit zu sehen.

4. HEIRATEN MACHT REICHER

Barbara Dafoe und David Popenoe von der amerikanischen Rutgers-Universität haben festgestellt, dass bis zum Lebensende verheiratete amerikanische Paare rund doppelt so viel Vermögen anhäufen wie Heiratsverweigerer. Und das liegt nicht nur daran, dass sie beim Leben unter einem Dach bei der Miete sparen. Vielmehr beeinflusse eine Hochzeit das alltägliche Verhalten, argumentieren sie. Das rechnet sich übrigens auch für die Ehefrau, wie eine andere Studie beweist. Verheiratete Frauen in Führungspositionen in Deutschland verdienten im Jahr 2004 rund 13 Prozent mehr als ihre unverheirateten Kolleginnen. Und das war vor 9 Jahren.

5. HEIRATEN MACHT MÄCHTIGER

Zum Leidwesen der Kameradschaft ändert sich bei Männern, kaum verhaftet unter der vermeintlichen Knechtschaft des Ringes, die Lebensweise zum Positiven. Sie arbeiten mehr und härter, trinken weniger Alkohol, nehmen weniger Drogen und wechseln nicht so häufig den Job. Das fanden die Ökonomen Avner Ahituv und Robert Lerman heraus. Im Vergleich zu Singles mit einem ähnlichen Ausbildungsstand bringen Ehemänner am Monatsende zwischen zehn und vierzig Prozent mehr Geld nach Hause.

6. HEIRATEN MACHT GLÜCKLICHER

Das fand der Schweizer Ökonom Bruno Frey heraus. Verheiratete Menschen sind «grundsätzlich deutlich glücklicher» als unverheiratete. Die Monate vor der Hochzeit und das erste Ehejahr gehören zu den

glücklichsten im Leben eines Menschen. Danach kann die Glückskurve aber auch fallen. Ein grosser Bildungsunterschied und Kinder, die noch im Haushalt leben, können das Glücksgefühl trüben.??
Das untermauert auch die Studie von Wissenschaftler Nguyen Vi Cao, der über einen Zeitraum von fünf Jahren 1074 Paare aus der Schweiz beobachtete und seine Ergebnisse im Fachmagazin «European Journal of Operational Research» veröffentlichte. Das Paar mit der mathematisch geringsten Trennungswahrscheinlichkeit sieht nach dieser Studie wie folgt aus: Beide haben keine früheren Scheidungen hinter sich, er ist mindestens fünf Jahre älter als sie, sie ist gebildeter als er – und beide sind Schweizer.

7. HEIRATEN MACHT ERFOLGREICHER

Wer persönlichen Erfolg über Gesundheit, Stärke, Schönheit, Reichtum und Macht definiert, ist mit der guten alten Institution der Ehe nicht schlecht beraten. Siehe oben. Quod erat demonstrandum. Aber wir wollen ja nicht alles einseitig hinbiegen. Dem Journalismus zuliebe. Klar gibt es auch genauso zwingende Studien, die den einsamen Wolf zum glücklichen, zufriedenen und von ungarischen

Nutten gestreichelten Leitwolf der Gesellschaft erheben.

Aber das ist doch zum Heulen.

31

5 Denkfehler, die Sie besser Mama überlassen

Es liegen zwei Geschenke auf meinem Nachttisch. Rolf Dobellis Bestseller «Die Kunst des klaren Denkens» und «Die Kunst des klugen Handelns». Hatte ich offenbar nötig. Obwohl sich die Werke kürzlich als Kunst des schlechten Kopierens entpuppt haben, sind sie nicht minder lesenswert. Und brachten mich dazu, ebenfalls ein Plagiat zu verfassen. Mit klassischen Denkfehlern, denen Frauen erliegen, kaum haben sie ein Kleines geworfen und ihren Toy Boy zum Papa gemacht.

1. MÄNNER WOLLEN NUR DAS EINE

Sie wollen nicht nur das Eine, sondern auch das Andere. Sie wollen nicht nur Sex, sondern auch ein selbst gebautes Heim mit Garten, Grill, Kind und Kegel. Nicht wenige Autos, die in den Sexboxen am Würzgraben parkieren, haben hinten einen Kindersitz montiert. Tragisch. Würdelos. Aber ein klarer Beweis dafür, dass Männer mit der Familiengründung nicht automatisch zu Eunuchen mutieren. Nicht mal die vasektomierten Wallache. Der Frau zu gestehen, die Geilheit hätte mit dem Einzug des Nachwuchses nachgelassen, ist ein grober strategischer Fehler. Die Kunst des klugen Handelns besteht darin, den Denkfehler der Frau zu untermauern. Es sei denn, Mann fährt lieber nach Altstetten.

2. THE PROMILLE BIAS

Viele Frauen kämpfen (nicht nur gegen den eigenen, sondern vor allem auch) gegen den Alkoholgenuss ihrer Partner an. Bis zur Betäubung. Und machen bei der Ergründung tief liegender Ursachen die Rechnung ohne die Wirkung. Ohne die hochproblematische Alkoholkrankheit schmälern zu wollen: Es ist ein Denkfehler, hinter jedem fünften Bier depressive Abgründe zu vermuten. Die

Wahrheit lautet: Unerhört viele Männer (und Frauen) lassen sich einfach unerhört oft gerne gehen. Haben die Kontrollfreak-Gene ihrer Mütter nicht geerbt. Die durchaus ernst gemeinte Nachfrage nach dem Grund des Trinkens förderte in einer unrepräsentativen Feldforschung eindeutige Voten zu Tage: «Weil es geil ist.» Etwas subtiler auf den Punkt bringt es ein Poster, das ich vor Jahren in Manhattan erstanden habe: «I Only Drink To Make You More Interesting.»

3. MAMA IST DIE BESTE

Diverse wissenschaftliche Studien räumen dem Faktor Zeit in der Beziehung zu Kleinkindern mehr Gewicht ein als der puren Biologie. Mütter sind nicht automatisch die wichtigste Bezugsperson für ihr Kind. Vielmehr werden sie es, weil sie viel mehr Zeit mit dem Baby verbringen. Der intime Akt des Stillens stärkt das sogenannte Bonding auf ganz natürliche Art. Und dann bleibt in den ersten Monaten meist die Frau zu Hause. Dadurch entsteht ein Vorsprung, den die meisten Männer nicht aufholen können und meist auch nicht wollen. Fazit für Papa: Entweder mit den Ausreden für Teilzeit aufhören oder der Partnerin den Denkfehler lassen, dass Mama einfach die Grösste ist. Weil sie es in 99 Prozent der Fälle auch ist.

4. THE IRONING FALLACY

Waschen, Bügeln, Putzen sind Wissenschaften. Die Geheimnisse werden über Generationen weitergetragen. Von Mama zu Mama. Frauen reissen diese Aufgaben im Haushalt oft unbewusst und reflexartig an sich. Was sie aber nicht vom Vorwurf abhält, ihr Partner würde sich dafür keinen Deut interessieren. Sie wenden die Techniken ihrer Mütter an, die das Waschen, Bügeln, Putzen ihrerseits von ihren Müttern gelernt haben. Das Basis-Wissen stammt also aus den 60er- oder 70er-Jahren und lautet: 90 oder mindestens 60 Grad für Unterwäsche, Ammoniak in Bad und Küche. Kauft Mann Elastan-Boxer von Diesel (auf den Zetteln stehen 30 Grad) oder eine Raw Denim Jeans von Nudies (6 Monate lang nicht waschen), gipfelt der Widerspruch mit überlieferten Waschmethoden meist im gereizten Ton: «Dann mach es doch selbst.» Resolution: Entweder selber waschen, bügeln, putzen oder den Denkfehler akzeptieren und Unterhosen von der Frau kaufen lassen. Wie die Väter unserer Väter. (PS: John Adams von Migros sind gar nicht so schlecht.)

5. SOCIAL PROOF

Comedy und Talkshows nutzen Social Proof, indem sie an strategischen Stellen Gelächter einspielen, was die Zuschauer nachweislich zum eigenen Lachen anstiftet. (wörtliches Zitat aus «Die Kunst des klaren Denkens» von Rolf Dobelli, Seite 17). Das Leben als Eltern stiftet hingegen nachweislich nicht immer zum Lachen an. Wir reden von einem nicht enden wollenden Hürdenlauf. Einem Trip ins Abenteuerland. In die tiefe Wildnis. Wie bringt man ein Kind zur Welt? Wie zum Essen? Wie zum Schlafen? Wie zum Schweigen? Während Männer Probleme grundsätzlich selber lösen und zum Teil recht kreative bis recht ungewöhnliche Lösungsansätze entwickeln, weiss die Mama schon ganz genau, wie man es richtig macht. Weil sie tonnenweise Ratgeber und Magazine gelesen und befreundete Mütter gefragt hat. Social Proof. Ein Denkfehler. Mehrheiten machen eine Meinung nicht richtiger. Fazit: Wenn Mama früher nach Hause kommt und die Kleinen mit Papa und Schoggistängel vor dem Fernseher sitzen – sofort strategisches Gelächter einspielen.

32

Was Frau einem Mann nie sagen soll

Mama Braun liess sich gestern über Sätze aus, die Mann einer Frau nie sagen soll. Hier kommt auf Geheiss die Retourkutsche. Mit Äusserungen, die Sie gegenüber Ihrem Liebsten, Bruder oder männlichen Bekannten besser nicht von sich geben. Es sei denn, Sie suchen Streit, Sie ausgefuchstes Miststück.

«Werd endlich erwachsen.»

Stellen Sie niemals das Kind im Manne infrage. Denn er kann auch anders. Der kürzlich bestärkten Wehrpflicht sei Dank. Dort lernt Mann: unbedingten Gehorsam, ein Sturmgewehr bedienen,

Handgranaten werfen, Menschen töten, erwachsen werden. Während sich die jungen Schweizerinnen im dreimonatigen Sprachaufenthalt mit dem Feind paaren.

«Warum arbeitest du nicht Teilzeit?»

Oder: «Warum kümmerst du dich nicht mal einen Tag pro Woche um die Kinder?» Besonders reizvoll, wenn er SVP wählt. Er muss doch die Familie ernähren. Und will ein ganzer Kerl sein. Frau kann ja auch nicht nur ein bisschen schwanger sein. Machen Sie sich auf ein paar hochprozentige Ausreden gefasst.

«Wann heiratest du sie endlich?»

Nicht drängeln. Er braucht Zeit. Viel Zeit. Der Respekt vor der Knechtschaft des Ringes schwindet nur langsam. Besser nutzenorientiert argumentieren.

«Nimmst du die Pille?»

Und zwar die kleine blaue. Die Potenz eines Mannes sollte von keiner Frau infrage gestellt werden. Auch nicht von jenen, die wissen, dass Trübsal nicht das Einzige ist, das man blasen kann. Und besonders dann nicht, wenn es mit dem Kinderkriegen nicht auf Anhieb klappt. Ein Tiefschlag für sein Selbstvertrauen.

«Wie viel verdienst du eigentlich?»

Über Geld spricht Mann nicht. Vor allem heutzutage nicht. Männer sind kompetitiv veranlagt. Wollen gewinnen. 12:1. Oder noch höher. Mit der Antwort kann Mann nur verlieren. Gilt als Abzocker, langweiliger Durchschnitt oder armer Schlucker. Für den Status-Check besser aufs Schuhwerk achten.

«Du siehst müde aus.»

Das Antikompliment schlechthin. Das dürfen nur Mütter mit Sorgenfalten sagen. Und Ehefrauen, wenn sie den richtigen Moment erwischen. Zum Beispiel, wenn er wieder länger gearbeitet hat, abgekämpft vor dem Fernseher sitzt und die aufgewärmten Resten vom Znacht reinschaufelt.

«Schon mal Propecia versucht?»

Graue Haare machen Männer reifer. Und weisse sehen fast immer gut aus. Haarausfall hingegen ist so tabu wie Hängebrüste. Und die Empfehlung von Haarwuchsmitteln, die als Nebenwirkung Impotenz aufführen, taktlos.

«So etwas macht nicht jede mit, das musst du einfach wissen.»

Geht gar nicht. Weil Denkfehler. Schliesslich basiert jede Beziehung auf Freiwilligkeit. Im Prinzip. Hier wird versucht, Druck auszuüben. Dass Mann sich nicht alles erlauben kann. Womit wir beim nächsten Punkt wären.

«Du solltest mal lernen, wann es genug ist.»

Warum Frauen Männer massregeln und ständig optimieren, haben wir im Mamablog bereits diesen Sommer erörtert. Scheint ein Trieb zu sein. Viele Frauen wissen offenbar nicht, was der Geschäftsmann weiss: Nicht weniger ist mehr, sondern mehr ist mehr.

33

Macht aus Männern Väter: der Hebammencocktail

T minus Null. 9 Monate hat Mann mitgezählt. Mitgefiebert. Mitgelitten. Mitgelesen in 1001 Ratgebern. Und mitangesehen, wie die Amor fou vom letzten Frühling zu einem wandelnden Medizinball mutiert. Da ist was ins Rollen gekommen. Wie ein Schneeball, der immer schneller immer grösser wird. Eine Lawine von Gefühlen, die über uns hereinbricht. Wo ist der rettende Bernhardiner mit dem Schnaps um den Hals?

Mal ächzend, mal krächzend, mal anmutig schön.

Schwangere Frauen. Mein Gott. In einem Moment schweben sie an dir vorbei wie Feen mit ihrem entrückten Engelslächeln. Und dann stehen sie vor dir, watscheln fluchend quakend durch die Migros-Kassen wie trächtige Bergenten und knallen Doppel-D-BHs und Fertigpizzas aufs Fliessband. Das Leben an der Seite einer werdenden Mutter, ein Wechselbad, ein Stahlbad, der Gefühle. Spannender als ein Sonntag im Europapark und Alpamare zusammen. Hier die drei wichtigsten Regeln:

1. Mann disst und kritisiert niemals eine schwangere Frau. Niemals. Weil am Ende sind wir (selber) schuld (dass sie schwanger ist).
2. Mann lobt schwangere Frauen. Ständig. Vor allem fürs Aussehen. Sie nehmen in 9 Monaten 10, 15 oder sogar 20 kg zu.
3. Mann leidet mit. Trinkt alkoholfreies Bier. Raucht nicht mehr vor/mit ihr. Und wenn doch, dann Discodampf (E-Zigaretten).

Und dann spitzt sich die Lage zu. T minus Null. Jetzt gehts ans Eingemachte. Wie kommt das Kind auf die Welt? Was kann/muss/soll Mann tun? Zuerst was Beruhigendes: Dem werdenden Papa fällt die Rolle des Helfershelfers zu. Oder anders gesagt: Er hilft am meisten, indem er nicht in Ohnmacht fällt.

Den Rest erledigen die fantastischen Vier: Frau, Kind, Hebamme und Ärztin. Konkret: Papa steht neben dem Bett, auf Kopfhöhe der Frau, hält ihre Hand, zum Schluss den ganzen Arm und spricht ihr Mut zu.

Die Frage ist, ob er das im Gebärsaal oder im Operationssaal tut. Spontangeburt oder Kaiserschnitt. Ich habe beides erlebt. Man könnte genauso gut auf den Aktienkurs der UBS wetten. Auf der einen Seite gibt es diese egoistischen Supermodels, die im achten Monat einen Kaiserschnitt planen, um ihr Becken zu schonen. Und auf der anderen Seite die Frauen, die ums Verrecken mit Globuli unterstützt zu Hause gebären wollen. Am Ende bestimmt das Kind, wohin die Reise geht.

Meistens. Denn es gibt da noch einen Trick. Ein überliefertes altes Hausrezept aus dem Nähkästchen der Hebammen. Und es kann Wunder (oder einfach nur abführend) wirken. Falls die Frau festen Willens eine natürliche Geburt ins Auge fasst. Was statistisch gesehen immer noch als die sicherste Variante für Frau und Kind gilt.

Bei diesem Rezept handelt es sich um nichts Geheimnisvolleres als den Hebammencocktail, auch Wehencocktail genannt. Die schwangere Frau nimmt ihn ein paar Tage nach dem errechneten Geburtstermin ein, um Geburtswehen zu provozieren. Kurz bevor sie vor lauter

Treppensteigen zusammenbricht und mit der medizinischen Einleitung beginnen muss. Ein äusserst unangenehmes Unterfangen.

Es ist der wahrscheinlich stärkste Drink, den Sie Ihrer Frau oder Partnerin seit Gin Tonic und Bloody Mary mixen. Bitte das Rezept vorher unbedingt mit Hebamme oder Ärztin besprechen und nicht alleine trinken:

- 2 EL Rizinusöl

- 2 EL Mandelmus (gibts in der Drogerie/Apotheke)

- 250 ml Aprikosen- oder Orangensaft

- auffüllen auf 0,5 l mit Mineralwasser (oder Sekt)

Geschüttelt oder gerührt, spielt keine Rolle. Was ebenfalls helfen soll ist Sperma (nicht trinken). Ich wünsche munteres Treiben und eine gute Geburt.

34

Die ersten Wochen als Papa: die hässliche Wahrheit

Nur selten kriegt man so viel und so brutal sadistisch formulierte Post wie nach der Geburt eines Kindes: «Wir wünschen den glücklichen Eltern viel Freude mit dem neuen Erdenbürger.» Autsch. Und dann dieser hinter rosaroten oder hellblauen Schleifchen verpackte Sarkasmus: «Herzliche Gratulation!» So gemein. Ihr habt ja keine Ahnung – oder schon vergessen?

Es trifft einen völlig unvorbereitet. Trotz neun Monaten einfühlsam vorwarnender

Dauerbeschallung durch wissende Mütter, Freunde, Frauenärzte, Hebammen und dem Studium dicker Ratgeber kommt es anders, als Mann denkt. Wie in der Rekrutenschule. Am Ende sind wir Soldaten. Aber vom Krieg haben wir keine Ahnung.

Wer wissen möchte, ob er bereit für Kinder ist, dem empfehle ich «The Beginner's Guide of Fatherhood» von Colin Falconer. Der 14-Punkte-Elterntest aus seinem Buch von 1992 wurde von «Daily Mail UK» und «The Huffington Post» mit riesigem Echo publiziert. Hier ein abgewandelter Auszug. In etwa so fühlen sich die ersten Wochen mit einem Baby an:

DIE GEBURT

Gehen Sie mit Ihrer Partnerin zum Bowling. Lassen Sie die Kugel auf Ihren Fuss fallen. Zuerst alle 10 Minuten. Eine Stunde später alle 9 Minuten. Und so weiter. Nach 10 Stunden stellen Sie sich vor, die Bowling-Kugel kommt nicht mehr aus der Bowling-Maschine, sondern aus der Vagina Ihrer Partnerin. Strike!

DAS WOCHENBETT

Fahren Sie für 3–5 Tage jeweils morgens früh ins Altersheim und besuchen Sie jemanden, der sich kaum bewegen kann und nur bedingt ansprechbar ist. Sagen Sie der Person möglichst oft, wie sehr Sie sie lieben und dass alles gut kommt. Gehen Sie so spät wie möglich nach Hause. Putzen Sie an den Abenden die Wohnung und dekorieren Sie die Haustüre mit Willkommensgrüssen.

DIE NÄCHTE

Tragen Sie von 17 Uhr bis 22 Uhr einen etwa vier bis sechs Kilogramm schweren, nassen Sandsack im Wohnzimmer herum, während Sie sich in voller Lautstärke ein rauschendes Radio (oder ein anderes nervtötendes Geräusch) anhören. Legen Sie um 22 Uhr den Sack hin, gehen Sie ins Bett und stellen Sie den Wecker auf Mitternacht. Stehen Sie um 23 Uhr auf und tragen Sie den Sack bis um 1 Uhr wieder im Wohnzimmer herum. Stellen Sie den Wecker auf 3 Uhr. Da Sie nicht einschlafen können, stehen Sie um 2 Uhr wieder auf und machen sich eine Tasse Tee. Gehen Sie um 2.45 Uhr ins Bett. Stehen Sie um 3 Uhr auf, wenn der Wecker klingelt. Singen Sie bis 4 Uhr im Dunkeln Gutenachtlieder. Stellen Sie den Wecker auf 5 Uhr. Stehen Sie auf, wenn er klingelt. Machen Sie das Frühstück.

DIE WOCHENENDEN

Packen Sie für einen dreimonatigen Auslandsaufenthalt in Südamerika. Mieten Sie sich bei

Mobility einen Kombi oder einen Van. Und fahren Sie am Samstag um 9 Uhr früh los zu Ihren Schwiegereltern. Legen Sie den nassen Sandsack auf den Rücksitz. Und vergessen Sie nicht, nach der Garagenausfahrt das rauschende Radio aufzudrehen. Während der nächsten zwei Tage befragen Sie Ihre Schwiegereltern ohne Widerspruch zu den Themen Essen, Gesundheit und Erziehung. Und lassen sich Kinderfotos und Videos von Ihrer Partnerin zeigen.

TELEFONIEREN

Nehmen Sie den nassen Sandsack zur Hand und rufen Sie einen Erwachsenen Ihrer Wahl an. Stellen Sie nach 30 Sekunden erneut das Radio ein. Versuchen Sie das Gespräch für fünf Minuten aufrechtzuerhalten, indem Sie abwechselnd in die Küche und ins Schlafzimmer gehen.

FERNSEHEN

Melden Sie Ihren Anschluss bei der Billag ab. Kaufen Sie sich alle DVDs von Barbapapa, Sesamstrasse, Cindarella und den Trickfilmen von Disney und Pixar. Und lernen Sie für später schon mal alle Namen auswendig.

DIE ERSTEN FERIEN

Haha! Viel Spass mit dem Sandsack am Meer. Die

echten Ferien beginnen, wenn Sie nach dem Vaterschaftsurlaub wieder zur Arbeit gehen. Und haben Sie kein schlechtes Gewissen dabei. Mann darf so denken.

Denn so ist das Leben. Zuerst rein und raus. Und dann rauf und runter. In welche Richtung gehen Sie gerade?

35

Familienautos - Brummbrumm mit Stil

Als mein Papa in unserem verwunschenen Kaff am oberen Zürichsee zum Gemeindepräsidenten avancierte, verkaufte er seinen Lancia Beta HPE. Ein zweitüriges Coupé, schnittig, rot, mit Shooting-Brake-Heck – die mediterrane Antwort auf den Opel Manta. Die frühen 80er-Jahre halt. Er tauschte ihn zu meinem Entsetzen gegen einen politisch korrekten Fiat Uno ein. Der röchelte zwar auch auf jeder Passhöhe Richtung Adria, war aber günstig in der Anschaffung, fast schon grün im Verbrauch und

CVP-konform, damals die stärkste Partei im Dorf, bevor Blocher und seine Kuhglocken den Alleingang einläuteten.

14 Jahre später lernte ich während meines ersten Jobs in der Werbeprovinz St. Gallen einen wahrhaft mutigen Unternehmer und seinen Bubentraum kennen: eine rote Dodge Viper. Ein primäres männliches Geschlechtsmerkmal, wie es neben dem Schnauz von Tom Selleck damals kein zweites gab. Es dauerte keine drei Monate, bevor er die Kundenparkplätze wieder mit einem grauen Audi A8 ansteuerte. Mit 16-Zoll-Felgen. Er hatte seine Lektion gelernt. Und ich auch. You are what you drive. Wie der Amerikaner sagt. Oder andersrum, schweizerischer: You drive what you are. Ich kaufte einen Fiat Cinquecento. Respektive leaste ihn.

Obwohl der Nimbus des Autos als Statussymbol je länger, je mehr in CO2-Rauch aufgeht – der fahrbare Untersatz ist und bleibt ein Statement. Und damit ein Lifestyle-Indikator für diejenigen, die hinter dem Steuer sitzen. Frei nach Paul Watzlawick: Mann kann mit seiner Karre nicht nicht kommunizieren. Das gilt auch für Familienväter. Hier eine nicht repräsentative Liste von Familienautos und was sie über ihre Insassen aussagen.

ŠKODA OCTAVIA - DER IN MASSEN EINGEWANDERTE TSCHECHE

Das meistgesehene Familienauto auf Schweizer Strassen ist ein Kombi. Jeder Mann weiss: In Sachen Auto leitet sich das Wort Kombi von Kompromiss ab. Respektive von Kopfentscheid. Oder noch ehrlicher: von kostengünstig. Der Octavia, ein charakterloses Mainstream-Fabrikat aus Tschechien, spielt eine Oktave tiefer als die designmässig ebenfalls zahnlosen VW Passat und Audi A4 Kombi. Und bietet für tschechisch wenig Geld trotzdem alles, was das Schweizer Familienherz begehrt: viel Platz (Kofferraum von 610 bis 1740 Litern), wenig Verbrauch (4,5 bis 6,4 Liter) und für ein paar Cumulus-Punkte wird abwaschbares Kunstleder auf der Rückseite der Vordersitze montiert, immun gegen dreckige Kinderstiefel. Wer so ein Auto fährt, wohnt auf dem Land im Mehrfamilienhaus, arbeitet in einem ehrlichen Beruf, verbringt seine Ferien in Italien oder Spanien am Meer und steht unter starkem Verdacht, im CD-Wechsler Platten von DJ Bobo zu horten.

BMW X5 - GOLDKÜSTE AHOI

1999 schuf BMW mit dem X5 eine neue Kategorie Autos. Dieser in den USA gefertigte SUV kommt derzeit in einer Neuauflage daher. Und begeistert die Kritiker. Bei gut 7 Litern Verbrauch schafft das 6-Zylinder-Flaggschiff die 100 km/h in 6,8 Sekunden und bringt massig Stauraum von 650 bis 1870 Litern mit. Die Freude am Fahren startet ab 76'100 Franken. Wer sich das leisten kann oder will, hat gegen die Abzockerinitiative gestimmt, arbeitet je nach Ausstattung im mittleren oder oberen Kader und lässt seine Frau fahren. Damit sie die Kinder sicher gepanzert in die Privatschule bringen kann. Schwer angesagt im Luxus-SUV-Segment sind ebenfalls: Mercedes ML, Jeep Grand Cherokee, Porsche Cayenne und der brandneue Macan, Audi Q7 und der Range Rover. Allesamt fahrende Pelzmäntel.

FIAT 500L - DIE ALLEINERZIEHENDE KNUTSCHKUGEL

Die Knutschkugel Fiat 500, die Fiat-Firmenboss Sergio Marchionne auf Wunsch seiner Mama lancierte, steht zusammen mit dem Mini, Audi A3 und 1er-BMW ganz oben auf der Wunschliste junger Karrierefrauen, bevor sie Mutter werden. Danach wechseln sie je nach Erzeuger ihrer Kinder auf den X5 oder den Octavia. Auf den vergrösserten 500L im Format eines Minivans kommen sie nach der Scheidung zurück. Der schöne Italiener aus dem neuen Werk in Kragujevac (Serbien) bietet mit 1,66 Metern Höhe und 400 bis 1310 Litern genug Raum und Kopffreiheit für einen neuen Partner. Und kann dank 333 Lackvariationen perfekt auf die Fingernägel abgestimmt werden. Nicht ganz so sexy: Mini Countryman, Citroën C3 Picasso und Opel Meriva.

FORD F-150 - BIG IS BEAUTIFUL

Das seit 30 Jahren (!) meistverkaufte Auto in den Vereinigten Staaten ist ein monstermässiger Pick-up. Hier findet fast der ganze Hausrat auf der Pritsche Platz. Der Ford F-150 war der absolute Star bei der North American International Auto Show in Detroit, die kürzlich den Auftakt zum Autojahr 2014 markierte. Für Schweizer Cowboys wird dieser erstaunlich sparsame und in den USA für läppische 26'000 Dollar erhältliche Brummer nur via Direktimport zu beziehen sein. Genau wie der Dodge Ram 1500. Wer einen solchen Wagen auf Schweizer Strassen sieht, vermutet darin einen Expat aus Texas oder einen Vater, der sein Sturmgewehr nicht abgegeben hat oder in einem Tattooladen arbeitet. Aber auf jeden Fall einen Bad Boy. Yeah!

TESLA S - DAS HIPSTER-MOBIL

Der Autohersteller Tesla von Paypal-Gründer Elan Musk, der bereits als neuer Steve Jobs gefeiert wird, gehört zu den spannendsten Autobauern unserer Zeit. Mit dem Model S liefern die Kalifornier eine

absolut geräuschlose Limousine ab, die Platz für
sieben Insassen bietet (zwei Kinder verkehrt herum
im Kofferraum). Das Spitzenmodell beschleunigt mit
600 Newtonmeter Drehmoment in 4,4 Sekunden auf
100 km/h. Die Batterien schränken den Radius auf
480 Kilometer ein. Geladen werden kann an jeder
Steckdose. Die Zukunft startet ab 72'400 Franken.
Und kann online konfiguriert werden. Das passt zu
Pionieren wie Roger Schawinski, der zu den ersten
von derzeit knapp über hundert Schweizer Besitzern
gehört. Genauso wie ABB-Chef Remo Lütolf. Wer
mit der Angst, dass die Batterie, wie kürzlich
mehrfach passiert, in Flammen aufgeht und für die
Fahrt ans Meer ein Zwischenstopp in der Provence
oder Toskana nötig ist, leben kann, dem sei das im
Moment vielleicht angesagteste Auto der Welt
wärmstens empfohlen. Wer hier aussteigt, sieht 10
Jahre jünger aus. Wenn das angekündigte Model X,
ein vollelektronischer SUV mit Flügeltüren, kommt,
kauf ich glaub auch einen.

RENAULT MÉGANE (ROT) - DER KOMMUNISTEN-KOMBI

Wer in der Schweiz einen roten Renault Mégane
fährt, der fährt kein eigenes Auto. Er hat es sich
geliehen. Nicht vom Staat aber bei Mobility. Immer
dann, wenn er es grad braucht. Ein tolles Konzept,

zugegeben. Bis zu dem Tag, an dem man vor der Abfahrt noch zwei Kindersitze einbauen und Gepäck für einen gefühlten dreimonatigen Auslandsaufenthalt verstauen muss. Und das nicht nur jedes zweite Wochenende, um die Grosseltern zu besuchen. Sondern auch für spontane Ausflüge. Und grosse Einkäufe unter der Woche. Wer mit einer vierköpfigen Familie trotzdem auf Mobility setzt, hat entweder keine Kohle, keine Ahnung, wohnt in einer Kommune, lebt eine offene Beziehung, wählt die Kommunisten oder ist ein unverbesserlicher Idealist.

VW TOURAN - WEDER FISCH NOCH VOGEL NOCH WURM

Kein Kombi. Kein SUV. Keine Limousine. Kein Van. Und doch ein bisschen von allem. Der VW Touran will die eierlegende Wollmilchsau auf vier Rädern sein. Und mit der ersten Generation hat er laut «Auto Bild» gründlich versagt. Mit der Neuauflage bessern die Wolfsburger nach und heben den Qualitätsstandard auf das, was VW-Käufer erwarten: dass er läuft und läuft und läuft. Der Highline TDI mit 140 PS Diesel gefällt mit 7,4 Litern Verbrauch (der Blue Motion sogar mit 4,5 Litern). Die Rückbank in diesem unspektakulären Kompakt-Van bietet Platz für drei Kindersitze. Der Rest ist VW Golf. Immerhin das meistverkaufte Auto in der

Schweiz. Ein Auto für vernünftige Menschen, denen es egal ist, ob sie in Ober- oder Niederbipp wohnen. Die hätten auch einen Opel Zafira, Renault Scénic, Peugeot 3008 oder Toyota Verso gekauft.

PORSCHE 964 - GIBT ES EIN BESSERES FAMILIENAUTO?

Ist und bleibt meine Lieblingsanzeige. Das Modell wurde übrigens von 1988 bis 1994 gebaut und als Nachfolger des damals kriselnden 911er lanciert. Und obwohl der 964 ein völlig neues Leichtmetall-Fahrwerk mit MacPherson-Federbeinen vorn und Schraubenfedern hinten besass und der neue 3,6-Liter-Motor eine Doppelzündung mit Klopfregelung und einen geregelten Dreiwege-Katalysator bekam, wurde für das neue Modell weiterhin die Verkaufsbezeichnung Porsche 911 beibehalten. Die Anzeige der Agentur Jung von Matt besitzt heute Kultstatus. Der Porsche 964 ist auf dem Occasionsmarkt ein gefragtes Sammlerstück. Für Väter in der Midlife-Crisis.

36

7 gute Gründe, endlich Vater zu werden

Was für eine Überraschung: In Deutschland werden nicht nur nur Dschungelkönige, Topmodels, Superstars, Bachelors und Angela Merkel gewählt. In Berlin wurde kürzlich auch der «Spitzenvater des Jahres» gekrönt. Der Basler Männerforscher Walter Hollstein forderte anlässlich der Verleihung in einer feurigen Festrede eine Renaissance der Vaterschaft. Verdammt recht hat er.

Also Männer. Hand aufs Herz: Wer will denn mit 85 alleine im Altersheim vergammeln, ohne je Besuch zu kriegen? Ausser von Zivilschützern im WK. Weil das Einzige, das er je fortgepflanzt hat, der Samen ist, den er als 18-Jähriger in einem Amsterdamer Coffeeshop gekauft hat? Eben. Es gibt mindestens sieben gute Gründe, sich vom Sofa zu erheben, die Bildschirme abzuschalten und sich statt Greys der eigenen Anatomy zu widmen. Ist übrigens ganz natürlich. So wie die Frau ihrer Bestimmung folgt, Mutter zu werden, sorgt der Mann dafür, dass sie es auch wird.

1. SEX MIT SINN. STATT SINNLICHKEIT.

Es geht los. Mit dem Wunsch, Vater zu werden, verändert sich der Sex. Mann hat ein Weibchen gefunden und unter Umständen sogar geheiratet (auch dafür gibt es gute Gründe). Sex macht endlich Sinn. Statt nur Spass. Und wird nicht länger von Pillen, Parisern, Spiralen oder anderen kinderfeindlichen Demonstranten gestört. Schwierig wird es erst, wenn es damit nicht auf Anhieb klappt. Dann hilft eine clevere Terminplanung mithilfe der App «Maybe Baby».

2. WIE NEU GEBOREN. STATT MIDLIFE-CRISIS.

Zwischen dreissig und vierzig gerät der Testosteron-Spiegel ins Wanken. Viele Männer geben in diesem

Alter Gegensteuer. Mit einer Harley-Davidson. Oder einer Corvette. Oder einer jungen Russin. Oder Ukrainerin. Und trotzdem geraten sie auf der Suche nach dem Sinn für die zweite Halbzeit in die Krise. Wohingegen Familienväter im Skoda Octavia, VW Touran oder einem anderen Familienauto mehr Aufregendes erleben, als jeder Sportwagen zu bieten hat. Mit seinem Baby wird auch der Mann neu geboren. Als Vater. Brumm, brumm!

3. EIN KIND IM ARM. STATT AM HALS.

«Einmal nicht aufpassen und dann hast du ein Kind am Hals.» So dachte ich früher auch. Aber dann steht zu Hause plötzlich ein kleines Mädchen mit leuchtenden Augen im Eingang und rennt mir in die Arme: «Papa!» Da geht jeder in die Knie. Hätte ich das nur früher gewusst. Kaum zu glauben, wie viel mehr Spass es macht, auf zehn zu zählen, statt sich mit abgebrochenen Torrent-Downloads von «Games of Thrones» rumzuplagen.

4. SUPERMAN SEIN. STATT GUCKEN.

Väter sind Helden. Sie stürzen sich von den steilsten Klippen (des Sofas), retten unzählige Leben (vor Fliegen und Spinnen), schützen vor bösen Monstern (unter dem Bett), sprechen mit Tieren (aus Stoff), trinken Zaubertrank (Feldschlösschen, Eichhof oder Quöllfrisch) und wissen einfach alles (Google).

5. MUSKELN AUFBAUEN. STATT ABBAUEN.

Pumpen ist wieder schwer angesagt. Besonders bei der (ewig) jungen Generation. Und während sie im Frühling die Fitnessstudios fluten, trainieren die frisch gebackenen Väter kostenlos zu Hause. Mit Baby im Arm statt Hanteln. Wer es nicht glaubt, sollte mal den Bizeps von Zwillingsvätern sehen.

6. ZUM PATRON AUFSTEIGEN. STATT AUF DEN BONUS WARTEN.

Mit Kind wandelt sich die Partnerschaft zum Familienbetrieb. Der Mann steigt auf zum Chef (vielfach auch nur zum Personal Assistant der Chefin) und nimmt Einsitz im Verwaltungsrat. Väter sind Unternehmer, führen ihre Firma durch Krisen und sorgen im besten Fall für weiteres Wachstum.

7. AM ENDE LÄCHELN. STATT WEINEN.

Es kommt der Tag der Abrechnung. Für alle. Die australische Sterbebegleiterin Bronnie Ware trug in ihrem vielbeachteten Buch die fünf Dinge zusammen, die Sterbende am meisten bereuen. Auf Platz zwei: «Ich wünschte, ich hätte weniger gearbeitet. Und mich mehr um Kinder und Partner gekümmert.»

37

Warum sind alle Superhelden single?

Batman, Spiderman, Superman, Iron Man – alle kinderlos. Und unverheiratet. Frei statt Frau. Superhelden wechseln keine Windeln, tragen keinen Ehering. Sie verkriechen sich in ein dunkles Loch. Oder fliegen davon. Weit, weit weg. Bis nach Krypton. Warum eigentlich? Warum sind alle Superhelden single? Warum taugen Väter nicht als Vorlage für Heldengeschichten? Obwohl doch jedes kleine Kind weiss, dass Papa ein echter Held ist?

Vorbilder sind wichtig. Geradezu prägend für das eigene Leben. Wir alle haben unsere Kinderzimmer mit Idolen aus Fernsehen, Film, Musik, Sport,

Büchern, Comics und Spielen tapeziert. Wie viele davon waren Väter? Ausser Chuck Norris? Der einzige Vater, der an meiner Wand hing, war der Übervater schlechthin: der liebe Gott.

Worin gründet der akute Mangel starker Vaterfiguren an den Wänden unserer Kinderzimmer und in den Medien? Spiegelt der Zustand den vielbeschworenen Megatrend zur Verwirklichung des eigenen Ego? Ist der einsame Wolverine das männliche Superideal? In jedem zweiten Haushalt in der Stadt Zürich lebt ein einziger Mensch. Ich bin ich. Du bist du. Und wir sind geschieden. Weil zu verschieden.

Oder war das etwa schon früher oder gar schon immer so? Gucken wir uns die familiäre Ausbeute der Idole unserer Väter an. Und vergleichen sie mit der unserer eigenen Helden. Wie tief man auch gräbt, es kommt überraschende Übereinstimmung auf:

- Clark Gable (5 Ehefrauen, 2 Kinder)
- John Wayne (3 Ehefrauen, 8 Kinder)
- Paul McCartney (3 Ehefrauen, 5 Kinder)
- Pelé (2 Ehefrauen, 7 Kinder)
- Franz Beckenbauer (3 Ehefrauen, 5 Kinder)
- Mick Jagger (2 Ehefrauen, 7 Kinder)

- Robert De Niro (2 Ehefrauen, 6 Kinder)

- Chuck Norris (2 Ehefrauen, 5 Kinder)

- Brad Pitt (1 Ehefrau, 6 Kinder)

- Elon Musk (2 Ehefrauen, 5 Kinder)

Familie und Kinder scheinen im Leben der Superstars eine grosse Rolle zu spielen. Ganz im Gegensatz zu den Protagonisten, die sie verkörpern. Heirat, Kinder, Scheidung, Heirat, Kinder, Scheidung. Ein Perpetuum mobile. Omnipräsent auf allen Klatschseiten. Auf der einen Seite produziert Hollywood in sich gekehrte Superhelden, die sich nahezu asexuell und im Alleingang durch die Leinwände kämpfen. Und besetzt sie mit Darstellern, die sich vermehren wie die Karnickel.

Nüchtern betrachtet zeichnet das Paarungsverhalten der Stars (und die entsprechende Berichterstattung) nichts anderes nach als die gute alte Theorie von Charles Darwin. Die stärksten, grössten, berühmtesten und entsprechend begehrenswertesten Männchen können sich vor Weibchen auf der Suche nach den besten Genen kaum retten. Wer will ihnen den Spass verübeln?

Doch wenn weder Superhelden noch deren Darsteller als Vater-Vorbilder etwas taugen, an wen soll sich ein werdender Papa nun anlehnen, wenn er sich die Frage stellt, was für ein Vater er sein will, welche Rolle er im Familiengefüge und für sein Kind spielen will?

Genau. Er erinnert sich an seinen eigenen Vater. An die Dinge, die er anders und besser machen will. An die Strafen, die er niemals im Leben verhängen wird. An die tausend Sachen, die er auf jeden Fall mit seinen Kindern unternehmen wird, weil er sie selber nie durfte. Bis er merkt, dass er am Ende doch so vieles ganz genau gleich macht. Und sogar stolz darauf ist. Weil sein Papa es ihm beigebracht hat.

In diesem Sinne: Danke Papa, du bist mein Superheld. Und für unsere Kinder sowieso.

38

Die Qualitätszeit-Lüge

Jeden Tag dasselbe Schauspiel. Je früher das Kind in die Kita einrückt, desto schöner geföhnt und geschniegelt die Mutter, die es bringt. Gilt auch für Väter. Vor 8 Uhr die massgeschneiderten Anzüge, danach jene von der Herren-Globus-PKZ-Stange und kurz vor Abgabeschluss hetzen noch ein paar abgewetzte Jeans herein. Das Ganze wiederholt sich in umgekehrter Reihenfolge am Abend.

Das ist die Wahrheit. Und nur wenige Ausnahmen bestätigen die traurige Regel: Je erfolgreicher die Eltern im Beruf sind, desto weniger Zeit verbringen sie mit ihren Kindern. Zeit ist halt Geld. Und jeder halbwegs versierte Manager weiss: Nicht weniger ist mehr, sondern mehr ist mehr. Mehr Geld.

Eines muss man ihnen lassen. Sie sind top organisiert. Sie planen Zeit mit ihren Kinder in ihre Agenda ein wie alle anderen Termine auch. Lego spielen als Sitzung. Erste Versuche auf dem Fahrrad als Pre Testing Session. Den Fernsehabend als Presentation. Besuche bei den Schwiegereltern als Key Account Meetings. Gelegentliche Anrufe aus dem Büro nach Hause als Conference Call. Und natürlich dürfen Events nicht fehlen. Spektakuläre Happenings. Morgen Alpamare, Nachmittag Kino, Sonntag Europapark. Weekend done.

Wenn Sie für die Kids da sind, wollen vielbeschäftigte Eltern ganz und gar für ihre Kinder da sein. Und ihnen in der Zeit auch was bieten. Sie nennen es Qualitätszeit. Was für ein Wort. Und was für ein Trugschluss. Es geht nicht mal ums Verwöhnen und Verhätscheln. Nein. Gegen iPad, Chupa Chups und Alpamare gibt es nichts Einzuwenden. Es geht um Effizienz und darum, in weniger Zeit gleich viel oder noch mehr erledigen zu wollen.

Anders gesagt respektive gefragt: Wäre ich eine bessere Mama oder ein besserer Papa, wenn ich mehr Zeit mit meinem Kind verbrächte? Oder weniger egoistisch gedacht: Hätte mich mein Kind von Herzen mehr gern, wenn ich öfter zu Hause wäre?

Sie und ich kennen die Antwort. Und wenn Sie jetzt zu Recht ein schlechtes Gewissen befällt, sprechen Sie mit Ihrem Vorgesetzten über Teilzeit. Und Geld. Quantität versus Qualität – das ist hier die Frage: Verbringen Sie mit Ihren Kindern lieber zwei Wochen in einer Waldhütte oder lieber ein verlängertes Weekend in St. Moritz?

39

Der Fluch mit dem Fluchen

Zuerst hab ich fast in die Hosen geseicht vor Lachen. Und dann erschrak ich doch. Ein kleines bisschen. Ab einem kleinen Wort. Ab mir selbst. «Tami!» Unsere kleine Tochter schrie es während dem Znacht plötzlich raus. Zwischen zwei Löffeln Spaghetti al Pesto. Und als wir uns das Lachen wider besseres Wissen nicht verkneifen konnten, gleich nochmals. Bis wir uns erholten und geboten: «Das seit mer nöd!»

Fluchen ist so menschlich wie wichsen. Aber das sagt man auch nicht. Oder? Was ist denn politisch und moralisch korrekt? Wie tief hängt der Gürtel in unserer Gesellschaft? In unserer Schweiz?

Tramfahrten durch Tsüri fördern eine erschreckende, wenn auch nicht repräsentative Sprachkultur zu Tage. Stakkato-Sätze gespickt mit derben Beleidigungen und wüstem Schimpf. Erstaunlich einheitlich die Anrede: «Alte, weisch.» So zumindest bei Teenagern. Die meisten anderen Leute machen im Tram ja weder bip noch bap (sondern wisch und klick). Verhält sich im Bus auf Überlandfahrten übrigens nicht anders.

Schweigen ist Gold. Ein goldenes iPhone. Doch Hand aufs Herz – kein Mensch kommt ohne Fluchwörter aus. Nicht nur Glück und Freude, auch Wut, Ärger und Enttäuschung wollen verbal abgearbeitet werden. Gerade wenn sich der Zorn gegen Personen richtet, werden schnell Grenzen überschritten. Je grösser der Groll, desto grösser die Übertretung. Die Frage ist, wer diese Grenzen zieht. Und wer sie durchsetzt. Die Kollegen? Die Eltern? Die Lehrer? Die Polizei? Die Politiker? Alle sind gefragt.

Früher oder später werden unsere Kinder das ganze Arsenal, den ganzen «geilen Shit» für sich entdecken. Mit welcher Auswahl wollen wir sie als Eltern ins Rennen schicken? Mit Schweizer Klassikern wie «Gopferteckel», «Galööri», «Tubel» und «Blödian»? Mit «Wixer», «huere Schissdräck» und «dini Muetter»? Oder mit frühenglischem «Fuck you»?

Wobei zu beachten gilt, dass jede Nation, Region und Generation ihren eigenen Style entwickelt. Auch Kraftwörter unterliegen dem gesellschaftlichen Wandel. Und jede Gemeinschaft bezieht ihre Flüche zum grossen Teil aus ihren grössten Tabus. Wenn Sie wissen möchten, welche Tabus in Ihrer Familie und bei Ihnen selbst schlummern, dann achten Sie mal darauf, welche Fluchwörter Ihnen am meisten Ungemach bescheren.

Wie man auf fluchende Kinder reagiert, steht in jedem halbwegs vernünftigen Ratgeber: Ruhe bewahren und Spiegel vorhalten. «Wie würdest du reagieren, wenn dir jemand sagt, dass deine Mutter eine Hure ist?» – «Ich würde ihm eine reinballern!» Verdammt richtig. Oder was denken Sie, Sie hinterhältiger Nur-Leser und Nicht-Kommentierer?

40

Vom Saulus zum Paulus und zurück

Sie sind ein Mann und lesen ein Buch über Windeln und Nuggis? Krass. Hätten Sie früher nie gelesen, stimmts? Ich nehme an, Sie haben sie auch hinter sich. Oder werden es bald. Die guten alten Zeiten. Ja, geben wir es ruhig zu.

Früher, da haben wir die Sau rausgelassen. Wir haben getrunken bis wir nicht mehr wussten, wie wir zum Vornamen heissen. Haben mit Maria Huana geflirtet, bis sie uns flachgelegt hat. Wir waren Rocker, Popper, Punker, Hanger, Heavies. Wir schlugen uns die Nächte um die Ohren. In Bars, in Pubs, in Clubs. Wir feierten, tanzten, spielten

Ballergames, guckten Pornos, Fussball und tranken Bier dazu. Gute alte Zeiten. Wir haben uns nichts bieten lassen. Freiheit! Unabhängigkeit! Sorglosigkeit! Bestimmt könnten Sie auch abendfüllend Anekdoten zum Besten geben. Aber lassen wir das. Unsere Mütter und Frauen lesen mit. Obwohl, viele von ihnen waren wohl keinen Strich besser.

Und doch, wer hätte das gedacht, aus uns sind Väter geworden. Männer mit Frau und Kind. Mit Dondolo und Tragetuch. In den ersten Wochen der Schwangerschaft sah ich in einem Shop ein T-Shirt. Der Aufdruck meldete «Game Over» und zeigte ein Ehepaaar in Hochzeitskleidern. Der Mann mit Mundwinkeln nach unten. Die Frau mit Mundwinkeln nach oben und Baby im Arm. Lustig. Gekauft. Aber angezogen habe ich es nie. Nicht, weil es eine Nummer zu klein war. Nein, weil es nicht stimmt. Mit Kindern ist das Spiel nicht vorbei. Im Gegenteil. Es geht erst richtig los. Level 2.

Die Nächte waren genau so lang wie zuvor. Und mindestens so berauschend. Diese kleinen, suchenden Augen. Und wenn es dann in unseren Armen einschläft. Wir sind hin und weg und ganz für das Kleine da. Davon haben sie immer gesprochen, unsere Frauen, unsere Eltern: Verantwortung übernehmen, erwachsen werden. Das tun wir jetzt.

Wir fügen uns dem Schicksal. Wahrscheinlich hat es die Natur so vorgesehen.

Und dann kommt Level 3. Kaum ist die Familie gegründet, kommt die Karriere in Fahrt. Statt Iron-Maiden-T-Shirt tragen wir Krawatte. Wir gucken in den Spiegel und sind plötzlich rasiert. Die alten Zöpfe abgeschnitten. Statt Bierpass und Teleclub besitzen wir Kundenkarten von PKZ und Herren Globus. Schon wieder heisst es Verantwortung übernehmen. Wir werden befördert. Endlich den Bereich, die Abteilung oder die ganze Firma führen. Es winkt der Lohn, der für drei oder vier reicht. Und die Zeit, die fast nur noch der Firma gehört.

Über 90% von uns Vätern wünschen sich gemäss Umfragen, möglichst viel Zeit mit den Kindern zu verbringen. Weniger als 5% von uns arbeiten weniger als 100%. Hat es die Natur so vorgesehen? Es ist noch nicht so lange her, da haben wir uns nichts diktieren lassen. Wir waren Rocker, Popper, Punker, Hanger, Heavies. Und jetzt? Fügen wir uns dem Schicksal? Hat es die Natur tatsächlich so vorgesehen?

Vielleicht sollten wir wieder ein Stück der guten alten Zeit zurückholen. Da haben wir Freiheit, Unabhängigkeit und Sorglosigkeit gelebt. Wir haben sie uns genommen. Das können wir wieder. Dieses Mal nicht mehr nur für uns, sondern für unsere

Familien. Gehen wir es an. Perfekt rasiert im Iron-Maiden-T-Shirt. Rock'n'Roll!

41

Zwei sind mehr als das Doppelte

Donnerstag. Neun Uhr. Und ich habe es noch nicht geschafft, mir die Zähne zu putzen. Ein Grüsel bin ich. Ungeduscht. Immer noch im Morgenmantel. Obwohl ich seit halb sechs Uhr wach bin, Cappuccino getrunken, Müesli gelöffelt und schon mehr erlebt habe als an einem durchschnittlichen Arbeitstag. Was nicht gegen meinen Job spricht. Schliesslich bin ich der Chef vom Ganzen einer Textagentur und eines Übersetzungsbüros mit Filialen in Zürich und Berlin. Mit mehr als 500 freien und 20 festen Mitarbeitern. Aber was ist das schon im Vergleich zu einem Haushalt mit zwei Kindern?

Die Kleine (8 Monate) trage ich auf dem rechten Arm. Sind auch schon bald 10 Kilo. Ich nehme mit der linken die elektrische Zahnbürste aus dem Badezimmerschrank, fummle mich mit der rechten Hand unter dem Fudi der Kleinen durch zur Zahnpasta. Die Grosse (3 Jahre) hat sich ihrer Spielsachen entledigt, krallt sich mit Gebrüll meine Wade und grölt: «Zäääääähbutze!» Irgendwie schaffe ich es unter gutem Zureden die Grosse auf Distanz zu halten und die Zahnpasta halbwegs aufs Zahnbürsteli zu träufeln. Und immerhin sorgt das Surren für ein dreiminütiges Oh-was-ist-denn-das-genau-Staunen. Bevor der Anti-Karies-Vibrator von beiden befingert werden will: «Ich auuuu.»

Der Papa-Tag nimmt seinen Lauf. Den Lauf einer Unguided Missile. Den Morgenmantel werde ich – Sie vermuten verdammt richtig – noch eine ganze Weile anbehalten. Zuerst will gewickelt, gespielt, gesungen, getanzt und rumgeblödelt werden.

Meine Frau, die Frühaufsteherin, hat sich bereits um halb acht Uhr Richtung Karriere verabschiedet und überlässt die Brut mit 1001 Küsschen dem selbsternannten, modernen Teilzeit-Mann.

Und ich, die glorreiche, arme Sau, grunze mich durch einen unaufhaltsam anwachsenden Schweinestall der Unordnung, der bis Feierabend Ausmasse einer nuklearen Katastrophe annimmt.

Oink, oink. Falls das für Sie übertrieben klingt, sind Sie entweder eine Frau Mutter oder ein Sonntagszeitung lesender Alpamare-Papa. Und jetzt bitte, lächeln Sie nicht so blöd.

Nein, zwei Kinder sind nicht eines zu viel. Aber viel mehr als das Doppelte an Arbeit. Wusste ich nicht. Hat mir auch niemand gesagt. Und an den Tagen, an denen die Grosse in der Kita mit den Nachbarskindern um die Wette brüllt, kommt es mir mit nur dem einen kleinen Baby vor wie Ferien. Die schläft zwei Mal am Tag, sitzt gemütlich im Kinderwagen. Ich stolziere durch die Stadt, gönne mir bei einem Zwischenhalt im Starbucks einen Toffee Nut Latte (fast so süss wie ein Baby) und denke: Ihr Einkind-Mütter, die ihr zu Hause bleibt, mit euch würde ich tauschen. Aber die werden halt auch älter, die Babys und dann ist Vollzeitprogramm. Also gut, dann macht halt.

Traurigerweise sind die meisten Mütter ja kein bisschen traurig, wenn der Mann sich auf die Geldbeschaffung konzentriert. Zaster statt Desaster. Hauptsache er verdient genug. Die Frauen solcher Männer dürfen dann auch ins Mikrofon sagen, dass sie sich als Mutter bewusst Zeit fürs Kind nehmen nach der Geburt. Und gerne 2-3-4-5-6-7 Jahre oder für immer zu Hause bleiben bei ihrem grossen Wurf.

Für viele Frauen bleibt es der grösste Wurf ihres Lebens.

Aber bleiben wir beim Thema. Denn sobald ein zweites Kind auf den Plan tritt, sieht die Sache anders aus. Gerne bestätige ich hiermit definitiv die Formel: Zwei sind mehr als das Doppelte. Und bevor jetzt alle Väter aus Angst vor einer zweiten Schwangerschaft das beste Stück einziehen – es gibt Hoffnung. Ohne es selbst wirklich zu wissen. Aber gemäss Erfahrungsberichten aller Eltern mit zwei älteren Kindern, löst sich der Stress der ersten Jahre bald in Wohlgefallen auf. Sobald sich die beiden Sprösslinge mit sich selbst beschäftigen, haben die Einkind-Eltern das Nachsehen.

Während sie ihr Allereinzigstes weiterhin Vollzeit bespassen, lehne ich mich bald zurück. Und abonniere vielleicht wieder die Sonntagszeitung. Sprudle im Alpamare. Oder schreibe noch mehr Papa-Beiträge.

42

Vom Landei zum Stadtfuchs (und zurück?)

Ganz so schlimm wie bei Mowgli war es bei mir nicht. Ich hatte Eltern. Mein Papa war sogar Gemeindepräsident. Aber irgendwann zog es mich aus dem Urwald des verwunschenen Weilers am oberen Zürichsee halt doch in die Zivilisation. Zuerst in eine Lichtung in der östlichen Provinz namens St. Gallen. Und dann endlich Zürich. Die vermeintlich grosse Stadt.

Das war vor 14 Jahren. Ich war 25, jung und unverdorben, was wahrscheinlich gelogen ist,

Letzteres zumindest. Ich wohnte im Kreis 5, direkt am Escher-Wyss-Platz, verdingte mich als Werbetexter und pendelte jeden Tag im Tram 4 durch die schönste Stadt der Welt in die grösste Werbeagentur der Schweiz. Jeden Tag vorbei an Limmatplatz, HB, Central, Limmatquai, Bellevue – so viele Strassen, Ecken, Plätze, so viel Stadt, so viele Menschen, Kulturen, so viel Neues, so viel Inspiration. So viel besser kann es gar nicht mehr kommen, dachte ich.

Doch es kam. Als ich zum ersten Mal nach New York flog. Da ging es mir auf: Zürich ist auch nur ein Dorf. Ein verdammt kleines Kaff sogar. Ich spazierte durch Midtown, durch den Bryant Park, setzte mich in einen Starbucks, klappte mein MacBook auf und fühlte mich wieder wie ein Landei. 30 Jahre jung. Und immer noch nicht dort angekommen, wo ich eigentlich sein wollte. Wobei ich ehrlich gesagt nie wusste, wohin ich dafür gehen musste.

Bis ich heiratete. Ein Landei aus dem Dickicht der Innerschweiz. Mit italienischen Wurzeln immerhin. Und wir zogen, raten Sie mal, in den Kreis 5. Nachdem wir gefühlte 100 Wohnungen besichtigt hatten, eine sogar auf dem Zollikerberg. Fünf Jahre wohnen wir bereits da, an der Heinrichstrasse. Mittendrin in mittlerweile Hipstertown. Mit zwei kleinen Kindern. Und es ist (zu) laut, lebendig, jung und toll.

Wir fahren mit dem Fahrrad zur Arbeit, gehen zu Fuss einkaufen, sind in 5 Minuten auf der Josefswiese beim Spielplatz, in 10 Minuten beim Kinderbauernhof im GZ Wipkingen, in 15 Minuten im Zoo, auf dem Uetliberg, im Bucheggwald oder in der Altstadt und benutzen das Auto eigentlich nur, um die Eltern zu besuchen. Und dort geniessen wir jedes Mal in vollen Zügen die Idylle, die ein Einfamilienhaus auf dem Land bietet. Einen gedeckten Sitzplatz, einen grossen Garten, eigene Tomaten, Bohnen, Sträucher, Beeren, Tujahecken und entsprechend viel Privatsphäre.

Wie unglaublich ruhig es auf dem Land ist, wurde mir mal wieder bewusst, als wir eine Nacht in Oberweningen bei der älteren Schwester meiner Frau übernachteten. Es war so still, wie ich es sonst nur vom Tonstudio kannte, schalldicht beinahe, und dunkel wie in einer Kuh – ich schlief keine Minute.

Die Zeit vergeht und ist endlich reif für ein neues Suchabo bei Homegate. Denn ich weiss jetzt, was ich will: das Unmögliche. Eine bezahlbare Wohnung in der Stadt, nicht in New York, sondern im ländlichen Zürich, mit Garten oder grosser Terrasse, kann auch ein Reiheneinfamilienhaus sein. Höngg, Wipkingen, Kreis 6, Zürichberg, Friesenberg, vielleicht sogar

Albisrieden, einfach nicht zu weit vom Kreis 5, wo das Glück angefangen hat.

Ob wir dort ankommen, weiss ich nicht. Aber wahrscheinlich bin ich schon längst angekommen. Zu Hause. Bei Frau und Kindern. Und wo das ist, ob mitten in der Stadt oder irgendwo malerisch auf dem Land, ist so ziemlich die grösste Nebensache der Welt.

Ich bin zu Hause. Und wo sind Sie?

43

Warum muss Papa arbeiten?

Kinder stellen die besten Fragen. Und geben sich auch nicht mit der erstbesten Antwort zufrieden. Dafür aber mit dem erstbesten Gummibärli. «A candy can help!», sagte die kleine, vielleicht fünfjährige Pummelmaus aus Amerika. Sie sass am Flughafen, wedelte fröhlich mit den Beinen und warf aus einer riesigen Tüte Zucker ein. Ihre Mother aus Burger-King-Town lächelte fast genau so süss. Wahrscheinlich wurde ihr Highschool-Foto aus der Luft aufgenommen, so dick war die. «A candy can help!» Diese Antwort passt immer. Kein Wunder, dass sie da drüben verfetten.

Zurück zum Thema. Vor einigen Tagen bewarb sich bei uns eine redselige Dame aus einer Grossbank. Offenbar drucken die ihre Protokolle neuerdings auf die Hinterseite bereits bedruckter Dokumente. So fest sparen müssen die, dass sie den versammelten Mitarbeitern sogar angeboten haben, Ferientage zu kaufen. Mehr Freizeit für Geld. Nur ein einziger Arm reckte sich in die Höhe. Und unsere Bewerberin scheint auch eine der wenigen Angestellten zu sein, die beizeiten nach Hause gehen. In Bergen von Arbeit aber scheinen nur Vereinzelte zu versinken.

Es ist eine traurige Wahrheit: Väter und Mütter bleiben länger im Büro. Länger als sie müssten. Wahrscheinlich schicken sie sich Nackt-Selfies aus dem Sitzungszimmer. Oder peitschen sich im Kopierraum gegenseitig aus. Verdient hätten sie es. Ihre Kinder essen derweil zu Hause Spaghetti Bolognese und fragen mit leuchtenden Augen die Grossmutter, die Nanny, die Nachbarin, das Au-pair oder die Mutter: «Warum muss Papa arbeiten?»

Weil er lieber erst dann nach Hause kommt, wenn ihr schon schläft. Weil er sich gerade mit der neuen Direktionsassistentin vergnügt. Und sich noch zwei Linien reinziehen muss, bevor die Börse in Tokio schliesst. Weil er mit dem Bentley Continental seines Kunden aus Qatar noch eine Extrarunde dreht. Weil er die Champions League lieber am Compi im Büro schaut.

Weil er so viel zu tun hat. Mit sich selbst.

Im Urlaub, ich war im Juni drei Wochen in der Toscana am Strand, zeigt sich ein ähnliches Bild. In Italien dauern die Schulferien im Sommer drei Monate. Unter der Woche schaufeln Nonna und Mama den Bambini Gelati rein, am Wochenende stösst der Papa dazu. Und bestellt zuerst auch mal Gelati, liest die Zeitung, telefoniert, zuerst mit seiner lieben Mutter, dann mit Freunden, schreibt der Direktionsassistentin heimlich SMS und hört beim dritten Mal «Papaaaaa!» zum ersten Mal hin. Dann baut er eine riesige Sandburg, die letzten vier Türme macht er noch alleine fertig. Allein für die Kinder.

Natürlich gibt es auch diese anderen Väter. Die, die früher nach Hause gehen, die Teilzeit arbeiten, den ganzen Tag mit den Kindern rumtollen. Nur sieht man sie so selten. Oder sie zeigen sich nur vorübergehend, bevor sie wieder die Vollzeit-Männer sind, die eigentlich weniger arbeiten wollen, aber, aber, eben.

44

Ernährungstipps aus den 60er-Jahren

Gibt es da draussen eigentlich noch eine Journalistin, die nach der Mutterwerdung kein Buch, keine Kolumne, keinen Blog mit Schwangerschafts-, Gebär-, Erziehungs-, Koch-, Spielplatz- oder Stricktipps schreibt? Keiner Generation Eltern standen mehr Ratgeber zur Seite als der unsrigen. Zwischen kreischendem Kind und überforderter Mama steht heute nicht mehr nur die eigene Mutter, die Hebamme, der Dorfpfarrer und der Onkel Doktor, sondern auch und vor allem Google. Und Facebook. Sobald das Kind wieder selig lächelt. Aber wie war das eigentlich früher?

Ich komme gerade von einem einwöchigen Business Trip aus Berlin zurück. Wir haben in der Hauptstadt die erste Filiale unserer Text- und Übersetzungsagentur eröffnet. Anstelle eines Hotels habe ich eine Altbau-Wohnung bei Airbnb gebucht. Und so lag auf dem Nachttisch kein abgegriffener Hotelprospekt, da stand ein ganzes Büchergestell. Fast vier Meter hoch. Altbau halt. Beim dritten Griff ins betagte Regal legte mir die Willkür «Das Kochbuch für geplagte Mütter» in die Hand. Ein Rowohlt Taschenbuch aus dem Jahre 1967. Printed in Germany.

Sowohl die Sprache als auch die Ratschläge an sich geben einen wunderbaren Einblick in die Erziehungsanweisungen der 60er-Jahre. Geschrieben wurde das Werk von Sybil Gräfin Schönfeldt, die ihre kochkünstlerischen Fähigkeiten schon mit dem «Kochbuch für die Frau vom dicken Mann» unter Beweis gestellt hat. Bereits der Einstieg lässt erahnen, wie es damals zu und her gegangen sein muss:

Von der richtigen Ernährung hängt für ein Kind fast alles ab: Das rechte Essen auf dem Teller macht das Spielkind fröhlich, aufgeweckt und widerstandfähig, läßt das Schulkind besser lernen und besser wachsen, nimmt dem Kind vor und in der Pubertät viel von den typischen Spannungen, der Nervosität und Unlust. Ist der

Speisezettel nicht von Kartoffel- und Mehlgerichten beschwert, dann braucht man sich bei Tisch nicht mit dem Teenager-Problem «ich eß das nicht, sonst werde ich dick!» herumzuschlagen, denn die Tochter weiß, daß sie bei Mutters Kost nicht dick werden kann.

Womit zur Entlastung von Heidi Klum bewiesen wäre, dass der Schlankheitswahn lange vor der ersten Ausstrahlung von Germany's Next Topmodel tief in den Köpfen der Töchter (und Mütter) verankert sein musste.

Wenn das Kind in die Schule kommt, kann nicht nur sein Verstand, sondern auch sein Magen allmählich am Leben der Großen teilnehmen. Ganz erwachsen wird der Kindermagen freilich erst mit 14, 15 Jahren. Solange gibt es noch Empfindlichkeiten, solange kann es nach zuviel Gewürz, Menge und Schwere noch drastische Explosionen geben, solange muß besonders vor grossen Aufregungen (Klassenarbeiten) oder Anstrengungen (Wanderfahrten) liebevoll leicht und «babyhaft» gekocht werden.

Dem Schulkind widmet die Gräfin ein ganzes Kapitel. Spannend daraus auch der Abschnitt über das Schulbrot.

Bei den Schulbrottesten, die in den letzten Jahren in verschiedenen deutschen Großstädten durchgeführt worden sind, hat sich herausgestellt, wie viele Kinder morgens nüchtern auf den Weg geschickt werden und dann noch nicht einmal als Ausgleich ein Pausenbrot im Ranzen oder in der Mappe tragen. Diese 20-25% aller Schulkinder bis 14 Jahre haben bewiesen, daß sie ihre schlechte Ernährung zu nervösen Schultern macht, ganz abgesehen davon, daß man Kindern auf diese Weise rasch und gründlich eine miserable Gesundheit anzüchtet.

Schon damals waren viele Kinderärzte offenbar der Meinung, dass in den ersten 3-5 Schuljahren anstelle eines Schulbrotes auch ein Stück Obst genügt: eine Banane, ein Apfel, eine Orange, manchmal eine Tüte Trockenobst. Das typisch belegte Butterbrot wird nur an Tagen mit Sportunterricht empfohlen.

Nach der anfänglichen Belustigung über die altbackene Sprache und den edukativen Unterton dieses Kochbuches, hat mich doch erstaunt, wie brauchbar die Tipps und die vielen Rezepte 50 Jahre später noch sind. Zum Beispiel jene zu Süssigkeiten:

Die Gefahr bestimmter Süßigkeiten für die Zähne liegt in ihrer Klebkraft. Am meisten picken Sahnekaramellen und Keks in, an und zwischen den Zähnen, sie sind also am gefährlichsten, weil die klebenden Kohlenhydrate lange genug Zeit für ihr Zerstörungswerk am Zahnschmelz haben. Zucker klebt kaum, weil er sich rasch auflöst. Honig haftet durch seine Klebrigkeit wesentlich stärker. Drops lutschen sich auch ziemlich schnell auf, aber alle klebenden

Pralinen und Bonbons, alle Kuchensorten und Krokante sind von Übel.

Ich wünsche Ihnen und Ihren Kindern guten Appetit. Und falls Sie im Urlab oder auf Geschäftsreise mal was anderes lesen wollen als die Prospekte auf ihrem Nachttisch und den Facebook-, Buzzfeed-, Twitter- oder Was-auch-immer-Stream, der bloss ihr Hirn verzuckert, buchen Sie eine Wohnung bei Airbnb.

45

Das
Feierabend-Dilemma

Es ist fünf vor Feierabend. Sie haben Stress. Und
Ihrer Frau einen pünktlichen Auftritt versprochen.
Das Nachtessen köchelt. Die Kinder kränkeln.
Vielleicht etwas Ernstes. Der Kleine hat Braunes vom
Hunde gefressen. Und die Grosse den Hausschlüssel
vom Nachbarsbub verschluckt. Es gibt diese Abende,
Sie kennen das, da müssen Sie einfach, wirklich
unbedingt zur rechten Zeit zu Hause auftauchen.
Sonst entfachen Sie ein Feuer im Dach, das über
Wochen jegliche Harmonie verkohlt.

Alarmstufe Rot zu Hause. Und dann klingelt,
drängelt, quengelt das Telefon. Mit der Jacke in der

Hand werfen Sie einen letzten, verstohlenen Blick auf das Display. Scheisse. Ihr grösster Kunde. Er will offenbar nochmals die finalen Konditionen für den Millionen-Auftrag besprechen, von dem Ihre Position, Ihre Reputation und der Aston Martin DB9 abhängen.

Was tun Sie?

Genau. Sie lassen es klingeln, fahren auf dem schnellsten Weg nach Hause, machen Ihre entnervte Frau glücklich, respektive reagieren nicht auf ihren launigen Vorwurf, dass Sie doch auch mal früher nach Hause kommen könnten, loben ihre abverreckte Rösti und die 2-Minuten-Eier, streichen Ihren Kindern liebevoll durchs Haar und retten den wartenden Nachbarsjungen vor dem Erfrierungstod. Zwei Stunden später erzählen Sie Ihren Kindern, wie der Königssohn Dornröschen küsst oder warum Hannah Montana jetzt Miley Cyrus heisst und allen die Zunge rausstreckt. Sie gucken Fussball, Netflix, 10vor10 oder bescheren Ihrer Frau einen multiplen Orgasmus.

So schön könnte es sein. Aber es gibt eine Million Gründe, warum Sie genau das nicht tun sollten. Und ich meine nicht den multiplen Orgasmus. Denn am nächsten Morgen geht Ihr Chef an die Decke und zerreisst Sie und Ihren Arbeitsvertrag in der Luft: «Sie haben den Deal mit unserem grössten Kunden in den

Sand gesetzt. Verflucht! Die Firma steht am Abgrund. Das kostet Sie nicht nur Ihren Job, sondern auch den Ihrer Mitarbeiter.»

Noch bevor die Uhren auf fünf vor Feierabend zeigen, fahren Familienväter nach Hause zu ihren Frauen und Kindern. Und es ist ihnen scheissegal, wem Miley Cyrus die Zunge rausstreckt. Oder wer welchen Hausschlüssel verschluckt hat. Der passt sowieso nicht mehr zur neuen, subventionierten Wohnung am Stadtrand. Ihre Frau wird Sie hassen. Und Sie sich selbst. Sie schauen in den Spiegel und sind nicht mehr der Schönste im Land. Sie haben den Job verloren, das Haus und Ihr Gesicht.

Es gibt einen Grund, warum es so viele Männer gibt, die um fünf vor Feierabend noch Millionen-Aufträge abwickeln statt nach Hause zu gehen – und dann auch noch behaupten, sie tun es für die Familie. Den Grund haben Sie gerade gelesen.

Trotzdem. Am Ende zählen nicht die Millionen von Franken. Sondern die Millionen von Stunden. Zu viel gearbeitet und sich zu wenig um Freunde und Familie gekümmert zu haben, sind die meistgenannten Dinge, die auf Sterbebetten zu hören sind. In diesem Sinne:

Lassen Sie das verdammte Telefon klingeln.

46

Die kleine Sau

Kinder lieben Rituale. Leider. Kaum ist die Konfitüre vom Brot geleckt, das Lätzli auf den Boden geknallt, rennt die Kleine wie vom Affen gebissen zum Sofa, krallt sich das iPad und brüllt mit erwartungsvollen Augen: «Papa! Peppa Pig!».

Ach ja, Italienisch. Unsere Kinder wachsen zweisprachig auf. Grazie, gern geschehen. Die Zeichentrick-Fernsehserie wurde aber weder von Bunga-Bunga-Berlusconi produziert, noch wurde Papa Pig noch Nonno Pig von Adriano Celentano gesprochen. Che peccato! Die Filme stammen aus den britischen Federn der Regisseure Neville Astley und Mark Baker und liefen von 2004 bis 2012. Ganz ohne schwarzen Humor. Und ohne den edukativen Touch von Barbapapa. Auf Deutsch heisst Peppa Pig übrigens Peppa Wutz. Ein Witz. Überhaupt wurde die Serie grottenschlecht in andere Sprachen adaptiert.

Im Original heissen die Figuren: Peppa Pig, Susy Sheep, Rebecca Rabbit, Candy Cat, Danny Dog, Pedro Pony, Zoe Zebra usw. Die Italiener machten daraus: Peppa Pig, Suzy Pecora, Rebecca Coniglio, Candy Gatto und den Rest haben sie wahrscheinlich auch bei Google Translate eingegeben.

Trotzdem ist die kleine Sau der ganz grosse Renner in Bella Italia. Als wir im Juni drei Wochen in der Toscana am Meer wohnten, waren die Kinderbuchläden bis rauf nach Firenze voll davon. Wir haben Geppetto und Pinocchio links liegen lassen und uns mit Büchern und CDs von Peppa eingedeckt. Was wir schon auf der Heimfahrt bereuten.

Obwohl die Serie mit dem weiblichen Ferkel grossartig gemacht ist. Und nicht umsonst mit Preisen überhäuft und in 180 Ländern ausgestrahlt wurde und wird. Auf simple und sympathische Art werden in Episoden von jeweils rund 5 Minuten hunds- respektive saugewöhnliche Alltagssituationen aus dem Leben von Vorschulkindern behandelt: Radfahren lernen, Campieren, Mittagessen, der

Geburtstag von Papa, Sporttag, Stromausfall, Spitalbesuch etc.

Zu Hause angekommen habe ich mir auf dem iPad bei Youtube eine Liste mit Peppa-Pig-Filmen erstellt. Seither vergeht kein Tag ohne eine von Peppas herzhaften Schweinereien. Oder zwei. Oder drei. Schon mitten in einer Episode grunzt mich unsere Tochter jeweils freudig an: «Nachher nomol eimol, gäll?»

Wie schwierig es ist, ein kleines Kind von einem Bildschirm zu trennen, muss ich Ihnen nicht erzählen. Vielmehr würde mich interessieren, was auf Ihrem iPad läuft. Oder damals im Farbfernsehen lief, als Sie die Hosen respektive Windeln noch voll statt an hatten.

47

Mama hat die Haare schön

Sie tragen schulterlanges, blondes Haar. Gewaschen, gelegt, geföhnt. Alle zwei Wochen. Sie sind es sich wert. Unterwerfen sich willig dem Schönheitsdiktat, strafen kurzgeschorene Konkurrentinnen mit verächtlichen Blicken ab und diktierten sogar den Haarschnitt ihrer Begleiter, die Teil ihres Gesamtauftrittes sind.

Irgendwann lassen sie die Prinzen bis nach oben in den Turm. Und aus den Rapunzeln werden Mütter. Die sexy Mähne mit Mèche wird gebunden (Stufe 1), zum modischen Bob mit Pony gestutzt (Stufe 2) und weicht schliesslich einer undefinierbaren

Kurzhaarfrisur (Stufe 3), die bei Männern als Out-of-Bed-Look salonfähig gemacht wurde.

Einem geringen Teil der Mütter gelingt der Schritt zurück zum Stufenschnitt. Die Wahrscheinlichkeit steigt mit der Anzahl Töchter. Und nach der Scheidung. Die meisten bleiben jedoch beim unsäglichen Bob hängen. Kommen die Kinder ins Teenager-Alter, beginnen sie mit Farbe zu experimentieren, in den Wechseljahren kommen freche Strähnchen dazu. Oder ein mit der Tochter solidarischer Sidecut. Ein einschneidender Wendepunkt.

Nachdem sich Mama jahrelang liebevoll um Frisur und Kleidung ihrer Kinder gekümmert hat (gibt es eine Tochter unter zehn Jahren, die nicht den gleichen Haarschnitt wie die Mutter trägt?), wechselt mit der Pubertät das Zepter die Besitzerin und die Mutter beginnt sich zu stylen wie die Tochter. Schrecklich. Wollen wir aber heute nicht vertiefen.

Wir bleiben bei den Haaren. Diesem reichlich oberflächlichen Thema. Doch da schlummert etwas unter dieser Oberfläche. Jedem ist klar, dass lange Haare unpraktisch sind. Und dass mit einem sabbernden Kind in der Linken und einem triefenden Schoppen in der Rechten neben Wäsche machen, einkaufen, kochen, käfelen und Facebook keine Zeit bleibt, sich zum sexy Vamp aufzubrezeln.

Obwohl es manch einer gelingt. Und da kommt der Punkt: Haben Sie schon beobachtet, was auf dem Spielplatz oder beim Einkaufen abgeht, wenn eine Mutter mit drei Kindern auftaucht, die mit ihrem engelsgleichen Haar so aussieht, als würde sie gerade dem Titelblatt der Vogue entsteigen? Oh, Mann.

Als Ehegatte mit Frau und Kind im Schlepptau macht man sich schon mit einem einzigen Blick strafbar. Die Bob-Frisuren-Mütter keifen, beben, sehen ihren Lebensentwurf in Stücke gerissen. Kann nicht sein. Darf nicht sein. Wie ist das möglich? Die hat doch, die macht doch – Neid und Missgunst an der Migros-Kasse. Und am Kiosk nebenan kaufen sie das Heftli mit Bella Bionda Michelle Hunziker und Baby auf dem Titelblatt.

Ist das einfach Biologie? Das Streben nach Schönheit, das Einrichten des Nests, die Aufzucht der Brut – sie bleiben die dominierenden Themen der Frau. Daran haben weder Emanzipation noch Mulitoptionsgesellschaft gerüttelt.

Nun, an wellenden blonden Haaren ist nichts auszusetzen. Aber ihr macht das doch nicht etwa nur für uns Männer, oder?

48

Wer erzieht eigentlich wen?

Kürzlich besuchte ich mit den Jungs einen illegalen Pokerabend. Seit langem wieder einmal. Pokern ist ja nicht mehr wirklich in Mode. Ich war entsprechend aus der Übung. Kein Flush, kein Full House, kein Ass im Ärmel. Ich flog früh raus. Sonnenbrille vergessen. Trotzdem blieb ich noch eine Weile. Obwohl ich mir schon länger nicht mehr vormache, an diesen seltener werdenden Abenden etwas zu verpassen.

Und voilà: Es war wie immer. Die Jungs benahmen sich wie Jungs. Manche sogar wie ziemlich kleine Jungs. Ein guter Burgunder versetzt zuweilen direkt in die Pubertät zurück. Es kamen mehrere entsprechend kreative Malereien am Pinboard in der Ecke zustande. Und sie setzten mehr oder weniger gelungene Kommentare dazu ab, von denen mir folgender in guter Erinnerung blieb, weil er so gut zur Zeichnung passte, die in groben Zügen eine Frau, einen Elefanten und seinen Rüssel zeigten:

«Manchmal glaube ich, dass dich dein Kleiner mehr erzieht als du ihn.»

Bumm. Und so hatte ich, wenn auch kein Glück im Spiel, ein schönes Thema für den Family Blog. Vielleicht sogar mehrere. Aber bleiben wir beim Offensichtlichen.

Infantiler Rückschritt tritt nicht nur an Pokerabenden zu Tage. Er ist auch beim alltäglichen Einkauf in der Migros zu beobachten. Zum Beispiel Mütter, die ihre Muttersprache verlernt haben und von ihren Sprösslingen in Babysprache unterrichtet werden. Zwischenfrage:

Ist eine Mama, die ihr Halbjähriges mit verzerrt lachender Fratze anlächelt, obwohl ihr nach gefühlten 300 schlaflosen Nächten eigentlich nach Heulkrampf zumute ist, eine Lügnerin oder eine tapfere Heldin?

Gaga-dada-guguseli!

Eine Kasse weiter offenbaren sich die Erziehungsmassnahmen eines kleinen Diktators. Er nötigt seinen hilflosen Hipster-Papa dazu, ihm vor jedem Schluck Coca-Cola zuerst für drei Sekunden

den Nuggi zu geben, um sich dann einmal kurz am Bart zupfen zu lassen, bevor der nächste Schluck fällig wird und das Spiel von vorne beginnt.

Seltsame Szenen und Rituale gibt es in jeder Familie (nicht nur) mit Kindern. Die Frage lautet, zu welchen Gunsten diese verlaufen. Was sich Eltern alles gefallen lassen. Nur damit Ruhe im Karton herrscht. Das grenzt mancherorts an Masochismus. Die heldenhaft lächelnde Fratzen-Mama würde es Liebe nennen.

«Du musst den Kleinen Grenzen setzen, das ist ganz wichtig!»

Einfacher gesagt als getan. Dafür müsste man ja wissen, wo diese Grenzen liegen. Auf den gesunden Menschenverstandes ist kein Verlass. Nicht nach den gefühlten 300 schlaflosen Nächten. Man könnte Remo Largo anrufen. Oder Chuck Norris. Oder sich an die Werte erinnern, die einem die eigenen Eltern vermittelt haben. Obwohl man es selber besser weiss. Oder man schreibt ein Buch und fragt die Leserinnen und Leser.

Wo ziehen Sie die Grenzen? Wie gewinnen Sie die Oberhand zurück?

49

Warum das stille Örtchen stilles Örtchen heisst

Familientürk. Uff. Der Begriff, woher er auch immer kommt – ich weiss es nicht – ist weder kebab- noch kinderfeindlich gemeint. Vielmehr beschreibt er ein Szenario, das sich jährlich mehrfach wiederholt. An Geburtstagen, die nicht zusammengelegt werden, weil jeder und besonders jedes Kind seinen eigenen grossen Tag haben soll/darf/muss. An Ostern. An Taufen. An Hochzeiten. An Weihnachten. Und einfach so jedes zweite oder dritte Wochenende. Ein

Szenario, das zuweilen ganz schön an den Nerven zehrt.

Dann nämlich, wenn sich die Jööö-Fraktion mit den herzigen Kulleraugen vom Rockzipfel der Mama löst und, die anfängliche Scheu vom zweiten Schokoriegel weggezuckert, sich in eine wild gewordene Affenbande verwandelt und einem das neue T-Shirt jauchzend vom Leib reissen will. Dann, wenn der Opa nach dem dritten Glas den ersten Weltkrieg aufwärmt. Dann, wenn die Schwiegermutter mit Jumbo-Pack Vanilleglacé die eigenen Erziehungsgrundsätze untergräbt. Spätestens aber dann, wenn die Musikinstrumente ausgepackt werden und sich der Dezibelwert disharmonisch den Grenzwerten entgengenschraubt. Und dann höre ich irgenwo aus der Hölle meinen Namen rufen: «Wo ist eigentlich Rinaldo?»

Schon wieder auf der Toilette? Nein, nein, ich leide weder an Durchfall noch an Inkontinenz. Ich leide eigentlich überhaupt nicht. Nicht an Kinderphobie. Nicht an Schwiegermutterallergie. Im Gegenteil. Familientreffen machen Spass. Und ich liebe Kaffee und Kuchen. Warum ich mich trotzdem immer wieder mal aus dem Szenario verabschiede und auf den Hafen hocke – ich weiss es nicht. Tun das nicht alle?

Es ist aber auch so schön auf dem WC. So schön

ruhig. So schön gemütlich. Ein paar Momente, die nur dir gehören. 10 Minuten ohne Fremdbestimmung. Wie früher. Einfach mal die ganze Scheisse hinter sich lassen. Das iPhone in der Hand. Und sich entspannt ein paar News von der Aussenwelt gönnen. Bombenalarm am Flughafen. Liebes-Aus bei Anja Zeidler. Udo Jürgens tot. Joe Cocker tot. Und schon gehts wieder. Denen da draussen läufts auch nicht besser als denen da drin im Familienkosmos.

Ich habe mich immer gewundert, warum es so viele verschiedene Ausdrücke für die Vorrichtung zur Aufnahme von Körperausscheidungen gibt (WC, AB, Klosett, Abort, Latrine, Toilette, Schlotte, Hüüsli, Hafen, Donnerbalken) und woher diese alle kommen. Als Vater weiss ich definitiv, warum man das stille Örtchen stilles Örtchen nennt.

Manche machen auch Auto, Tram, Zug oder Fahrrad zu ihrem stillen Örtchen. Und ich spreche nicht von den Kindern, die gerade in die Windelfreiheit entlassen wurden. Für die meisten Eltern ist der Arbeitsweg die einzige Zeit am Tag, die sie ganz für sich alleine haben. Trotz Rush Hour. Zen im ZVV.

Also, wenn die Kinder in die Pubertät kommen, heisst es: raus aus der Stadt. Arbeitsweg verlängern.

Rinaldo Dieziger

Je nach Intensität: Oerlikon, Witikon, Eglisau, Hünenberg oder Albulatal.

50

Bedingungsloser Gehorsam

Schnauze halten. Und keine Fragen stellen. Schweizer Männer lernen es in der Rekrutenschule. Schön in Reih und Glied bleiben. Und ruhen! Frauen geht dieser tief eingetrichterte Gehorsam ab. Sie haben in der Zeit, als wir 15 Wochen lang Handgranten putzten und aus der Gamelle Gulasch assen, im Auslandaufenthalt mit Johnny, José oder Jean geflirtet.

Frauen müssen nicht ins Militär. Sie werden bereits als Feldweibel geboren und übernehmen in der Partnerschaft gern das Kommando. Über alles. Management-Coach Boris Grundl verriet den versammelten Unternehmern an einem seiner Vorträge das Rezept für eine erfolgreiche Ehe: «Bedingungsloser Gehorsam.»

Funktioniert bei 50% der Ehen. Tendenz sinkend. Vielleicht nicht zuletzt deshab, weil sich die Ehemänner langsam emanzipieren. Wenn sie überhaupt noch eine Ehe eingehen. Und es werden ja auch jedes Jahr weniger Männer in die Rekrutenschule eingezogen.

Warum ich das ausführe: Sobald sie Kinder kriegen, wechseln Frauen ihren Führungsstil. Zumindest gegenüber den Kindern. Obwohl sie ihre Männer gerne dazu rechnen. Die Kleinen werden mit Samthandschuhen angefasst und verwöhnt, dass Mann neidisch werden könnte. Auch wenn das keine Mutter offen zugibt: ihre Kinder müssen nicht. Sie dürfen:

- Möchtest du nicht noch etwas Suppe?
- Und nachher räumen wir auf, okay?
- Kriegt Mama noch einen Gute-Nacht-Kuss?
- Papa liest dir noch Geschichte vor, ist gut?

Rhetorische Fragen mit nur einer richtigen Antwort. Indirekte Befehle. Männer kennen das. Und weil Papa weiss, dass Mama weiss, was für die Kinder das

Beste ist, tut er es ihr gleich. Und schon bald tanzen die Kinder den liebevollen Eltern auf der Nase rum. Wollen nicht essen, wollen nicht aufräumen, wollen nicht in den Kindergarten, wollen machen, was sie wollen.

Das passiert zumindest phasenweise in jeder Familie. Es ist zum Verzweifeln. Und manchmal artet es derart aus, dass man plötzlich bei der Psychologin sitzt und die einem sagt: «Sie haben Ihr Kind nicht im Griff. Ihr Kind hat sie im Griff.» Kürzlich einer Freundin passiert.

Die beiden Tipps, die ihr die Psychologin mitgegeben hat, sind seither auch bei uns zu Hause im Einsatz. Sie sind Gold wert.

1. TIPP: KEINE FRAGEN STELLEN

Sondern Fakten schaffen. Und klare Befehle erteilen. Das Kind nicht zwischen Apfel, Nuss und Birne wählen lassen. Sondern alles rein in den Mixer und auftischen: «Wir essen!» Und: «Nachher räumen wir auf und gehen ins Bett!»

Die Wirkung ist erstaunlich. Weniger Wahl, weniger Qual. Klare Anweisungen geben dem Kind nicht nur ein Gefühl von Sicherheit, Befehle empfangen ist auf Dauer auch viel weniger anstrengend, als Antworten auf Fragen zu finden und Entscheidungen zu treffen.

Ist doch eigentlich logisch. In einer Familie sollten Kinder die Fragen stellen. Nicht die Eltern. Der zweite Tipp dreht sich darum, welche Antworten gegeben werden sollten:

- Warum gibt es heute keine Banane?
- Und wieso muss ich jetzt ins Bett?

2. TIPP: NICHT ALLES ERKLÄREN

Es ist einfach so. Punkt.

Über den Autor

Rinaldo Dieziger wuchs als erstgeborener Sohn eines Gemeindepräsidenten auf, arbeitete am Fliessband einer Buchbinderei, verkaufte Raubkopien von Computerspielen, gründete eine illegale Radiostation, eine New-Wave-Band und wollte als Kind Astronaut, Sportreporter, Archäologe oder notfalls auch Gemeindepräsident werden.

Nach der Wirtschaftsmatura brannte die Fantasie mit Dieziger durch und er stieg als Texter in die Werbebranche ein, wo er sich schnell die Karriereleiter hochschrieb. Nach einer Werbepause absolvierte er einen Businessplan-Workshop, infizierte sich mit dem Gründervirus und startete im Herbst 2005 die erste Textagentur im Internet: Supertext.

Die Firma mit Filialen in Zürich und Berlin gehört

mittlerweile zu den 100 grössten Sprachdienstleistern weltweit. Rinaldo Dieziger wurde mehrfach als Entrepreneur of the Year nominiert.

Rinaldo Dieziger ist Vater von zwei kleinen Mädchen und lebt mit seiner Familie in Zürich.

www.rinaldo.me

Impressum

Herausgeber:

Rinaldo Dieziger, Heinrichstrasse 215, 8005 Zürich, www.rinaldo.me, rinaldo@me.com

Korrektorat:

Supertext AG, Zürich, www.supertext.ch

Buchgestaltung:

Rinaldo Dieziger

Bildnachweis:

bibi® EXCELLENCE Schnuller, mit freundlicher Genehmigung der Lamprecht AG, Regensdorf

6038480R00124

Printed in Germany
by Amazon Distribution
GmbH, Leipzig